法府拾穗

II

主编 王 俊

浙江工商大学出版社
ZHEJIANG GONGSHANG UNIVERSITY PRESS

图书在版编目(CIP)数据

法府拾穗. Ⅱ / 王俊主编. — 杭州 : 浙江工商大学出版社，2018.10

ISBN 978-7-5178-3045-0

Ⅰ. ①法… Ⅱ. ①王… Ⅲ. ①法学—文集 Ⅳ. ①D90－53

中国版本图书馆 CIP 数据核字(2018)第 255607 号

法府拾穗Ⅱ

主编　王　俊

责任编辑	刘淑娟　白小平
封面设计	林朦朦
责任印制	包建辉
出版发行	浙江工商大学出版社
	(杭州市教工路 198 号　邮政编码 310012)
	(E-mail:zjgsupress@163.com)
	(网址:http://www.zjgsupress.com)
	电话:0571－88904980,88831806(传真)
排　版	杭州朝曦图文设计有限公司
印　刷	虎彩印艺股份有限公司
开　本	710mm×1000mm　1/16
印　张	12.75
字　数	228 千
版印次	2018 年 10 月第 1 版　2018 年 10 月第 1 次印刷
书　号	ISBN 978-7-5178-3045-0
定　价	42.00 元

实践教学成果编纂委员会

序

　　法律人才的培养是一项具有挑战性的任务。为了适应我国法治发展的新常态,培养符合社会需求的高端复合应用型人才,从 2014 年 9 月起,我校从刚入学的新生中,按照"优中选优"的原则,每年选拔 30 名优秀学生组建非诉法律实验班,进行法学拔尖人才的培养试点,其目标是培养基本诉讼能力,熟悉非诉业务主要类型与业务流程,具备从事非诉法律业务能力的高层次法律人才。

　　近三年来,我院对传统法学教育进行了全方位改革,充分依托学校财经特色资源,开设"经济学""会计学""财务管理"等课程,形成了一个既能满足社会对非诉专业法律人才特殊需求,又能充分利用学校优势资源的培养方案。

　　现在,法学院初步形成了非诉法律人才的"五个一培养机制",即一份独立培养方案、一个独立的教学环境、一位实务导师、一月一场实务讲座(读书会)、一项课题研究。特别值得一提的是,凡实验班学生,在学校原有配一位综合导师的基础上,又聘请了一位校外精通非诉业务的优秀律师担任实务导师。实务导师与校内综合导师一起指导学生的专业实习与实践,布置学生进行实务课题的探索与研究,这样既重视学校导师理论熏陶,又注重实务导师法律实务的引导,期冀能够更好地增强学生实践能力。

　　要特别强调的是,实务导师的成功聘请,是我院坚持开放办学的结果,离不开社会各界,特别是浙江浙联律师事务所的无私支持。实验班组建以来,该所麻侃律师等合伙人团队经常与学生交流,赋予学生信心,解答学生疑惑,定期到校与学生见面,积极担任学生的实务导师。浙江浙联律师事务所还捐资 100 万元专门用于非诉实验班的人才培养,与法学院联合组建了律师学院,成为实验班人才培养的重要组织基础与物质基础。

　　非诉法律实验班运行两年多以来,已经先后在全校 14 级、15 级、16 级、17 级四个年级招收了 120 名同学,同学们精神状态昂扬,教学效果优异,取得了良好的效果。作为法学教育的创新,非诉法律人才实验班已经在省内外引起了关注。2015 年 10 月 19 日,浙江教育报头版头条刊发《"卓越"引领　"实务"为先——我省高校探索法学教育改革》的报道，其中我校非诉法律人才实验班就是创新重点内容之一。在全国法学教育研究会年会、全国财经高校法学教育论坛、上海法学教育研究会年会、浙江法学教育研究会年会上，非诉法律人才培养的理念与做法在同行中反响强烈。

本书汇集了 2014 级非诉实验班同学的法学论述和实习体会。这些作品不仅记录了同学们在学习中的知识沉淀、实践中的酸甜苦辣，也记载各位实务导师对他们的殷切希望，还有法学院老师对他们的殷殷教诲。

在此，我代表学院，衷心希望这本书能够成为同学们走向人生未来之路的一抹靓丽色彩，衷心感谢社会各界对浙江财经大学法学院，对非诉法律实验班的关心和支持。也希望非诉法律实验班越办越好！

浙江财经大学副校长　法学院院长

教授　博士　博士生导师

2018 年 10 月

前　言

　　作为法学院第一届实验班的学员,在过去的三年里,我们用自己的行动证明了我们没有辜负领导和老师们的期望。三年的共同学习生活,日夜的朝夕相处,我们已融成一个极具凝聚力和战斗力的集体。我们用拼搏的精神学习、工作、生活,以鹰的姿态迎接挑战与希望。在思想上,我们严谨细密,积极向上;在学习上,我们热心探讨,一丝不苟;在生活上,我们热情洋溢,青春飞扬。

一、学习:不在意路途艰辛,唯有不息的攀登

　　在这三年里,我们班在学习上下了很大的工夫。班级举办多次读书交流会,积极引导同学们多看书,将同学们每月积累的困惑进行分析和探讨;并且邀请学院的老师进行指导,也邀请了众多律师与我们探讨事务方面的问题,同学们收获良多;同时也加强了同学们之间的交流,提高了口才能力。不论是专业课还是公修课,同学们都认真对待。在大二学年,我们班还参与了德国法课程的学习。该课程由康斯坦茨大学法学院助理教授 Hannes 博士主持。康斯坦茨大学是德国 11 所精英大学之一,康斯坦茨大学法学院的教学和科研水平在德国法学界亦久负盛名。因此,由 Hannes 博士主持的原汁原味的德国法课程使同学们一窥德国法学的教学风貌,让同学们对法律的认识又上升到了一个新的层面。大三这一学年,我们班更是采取了由来自各个领域的经验丰富的律师授课的形式,用实务课程代替原本与实际联系不够密切法学理论课程,同学们均感觉收获颇丰。在李春燕老师的带领下,我班同学进行了多项课题研究,均在学院课题立项,还有五项财经法律探索课题立项。不仅如此,我班同学也积极参加学习型公寓的活动,其中多个小组进入决赛,更获得了一个一等奖、一个二等奖的好成绩。在浓厚的学习氛围下,我们班级的英语四级通过率为100％,英语六级通过率为 88％,1 人获得一等奖学金,3 人获得二等奖学金,7人获得三等奖学金,更有多位同学在自己的专业外学习中通过了会计从业资格考试、证券从业资格考试、托福考试等。

二、文体活动:葱茏的绿叶,使树木更加生机勃勃

我们班级的同学都多才多艺,积极参加各项活动。演讲比赛、书法比赛、乒乓球比赛、羽毛球比赛等,每个活动里都可以找到我们的身影,或是参与者或是组织者,人数太多,不能一一列举。李嘉敏同学通过校合唱团选拔,代表学校参与浙江省大学生艺术展,获得合唱比赛第一名的好成绩;李恒昊同学参加省大艺展、校毕业生晚会均取得优异成绩;童韬羽同学参加省汉语口语大赛,荣获三等奖,参加"学涯杯"书法大赛获得软笔组二等奖、硬笔组三等奖……同学们发挥所长,在这些大赛中展现着属于我们的风采。不光是在文艺方面出彩,我们在体育方面一样厉害。在校运动会上,我们班派出了好几员大将,都获得了不错的名次。在其他的体育赛事中,我们也有着优秀的表现。李恒昊同学在校跆拳道比赛中获得第五名。王霞同学和陈晓炜同学积极参与了院羽毛球比赛,并代表学院出战校级比赛。匡敏洁同学代表学校参与了在杭高校"友成杯"武术风采大赛,更是获得了团体组一等奖。同学们还积极参加学院举办的夜跑活动,锻炼身体。我们的班集体总是凝聚着无限的生机,相信我们在未来将获得更好的成绩。

三、实践:我们都是社会的一分子

我们是个有责任心、爱挑战的集体,同学们都在积极参加各种实践活动。王霞同学作为志愿者协会的会长,带领着班里许多志愿者,参加"一元钱"、走访幼儿园等多项活动。许多同学作为校部门或院部门的干部组织了许多活动,比如毕业生晚会、夜跑活动、迎新活动等。另外大家还积极参与了"法"海无边法律知识竞赛、在杭高校普法游园会、邻里社区普法活动、控辩大赛、敬老院普法活动等,均获得了一致好评。在暑假期间,大家又在学院的安排下,进入法院或是自己联系律师事务所,进行实务的实习,多方面提高自己的能力。即使是一粒沙,我们也生活在这个社会中,提早体验社会生活,帮助我们成长,帮助我们更快步入人生的下一个阶段。

四、思想:梅花香自苦寒来

先进思想道德建设旨在提高班级学生的思想道德素质,使之从根本上培养正确的世界观、人生观,树立远大的理想,朝着成为一名符合现代化要求的优秀大学生前进。自入学来,我们班级定期举办班会、团日活动等,在平常的交往中,注重发现和解决同学们思想上的问题。其中我们班的林芳臣、李恒昊、胡柏源三位同学已经成为光荣的预备党员,更有多名同学作为入党积极分子努力向党组织靠拢,希望提高自身修养,成为党的一员。我们以党章、团章为蓝本,把思想教育融入生活中。经过我们共同的努力,全班同学的思想觉悟有了很大的

提高,正向着更高更远的目标前进,其中我们班的团日活动内容新颖,受到了大家的一致好评,并从教室布置、同学们的积极性、极具创意的思路、新颖的形式等方面得到了老师的一致表扬。这些活动也提高了同学们对思想道德建设和服务意识重要性的认识,为同学们树立正确的人生观、价值观起到了重要的教育作用。全班同学在思想、学习、活动等各个方面都取得了显著的成绩,充分体现了班集体自强不息、积极向上的团队精神和强大的凝聚力。

蓦然回首我们班走过的路,经历三年的考验,取得了可喜的成绩,"千里之行,始于足下"。班级的每一个成员深知,一分耕耘,一分收获。我们在学习生活中深知,一个先进集体的力量是很强大的,它指导着我们的思想朝先进性发展,与我们的一切都息息相关,贯穿着同学们大学生活的各个环节,正是因为有了一个好的组织领导,使我们切实体会到团结的重要性,这都会在我们以后的道路上产生非常重要的影响。回顾大大小小的成绩,我们感到欣慰,一点一滴都凝聚着我们的辛勤汗水。当然,我们也存在不足和欠缺,我们还需要再接再厉,完善自己。在以后的学习与工作中,为了攀登更高的目标,我们还会遇到不可避免的困难和波折,但团结一致、齐心协力的我们决不轻言放弃,我们会一如既往地去拼搏,去争取。先进班集体在我们心目中是一种荣誉,更是一种激励,是一个积极向上的班集体必有的奋斗目标,是一个团结拼搏的班集体不可少的前进的指挥棒。而享有先进班级称号的我们会更加努力,一路高歌前进!

林芳臣　臧佳蔚
2016 年 12 月

目　　录

上 篇
雏凤新声

关于中小型企业法律需求的调查报告

——以杭州市萧山区闻堰镇中小型企业为例

2014级非诉法律实验班 陈晓炜

摘 要：中小型企业作为增强区域经济活力的主力军，具有举足轻重的地位，在法治进程中也起着重要作用。该文涉及我国法律体制下的中小型企业调查，旨在较为客观公正地了解中小型企业对法律法规的需求情况。通过问卷调查、文献资料收集及数据分析整理等形式，合理剖析判断中小型企业法律需求的现状及存在的问题，同时对其存在的问题进一步分析研究，最后依据现有情况给出一些建议。

关键词：中小企业；法律法规；法律需求

1. 引 言

从20世纪90年代后期开始，我国从中央到各省、市、区陆续出台了一系列法律法规及相关政策促进中小型企业的发展。全国人大2002年颁布了《中华人民共和国中小企业促进法》，国务院2005年制定了促进非公经济发展的《关于鼓励支持和引导个体私营等非公有制经济发展的若干意见》，2009年制定颁布了专门针对中小型企业发展的《关于进一步促进中小企业发展的若干意见》，2010年颁布了《关于鼓励和引导民间投资健康发展的若干意见》。并且已有23个省市区出台了促进中小型企业发展的地方法规，如浙江等省出台了《促进中小企业发展条例》。这也充分说明中小型企业在经济发展中的重要性、国家对它们的重视，以及中小型企业的相关法律法规体系已经基本形成。

那么相关的法律法规得到真正的落实了吗？中小企业对法律法规的运用及需求现状如何？是什么原因导致这些现象？社会各方应当为中小型企业的法律需求程度做出怎样的努力？带着这些问题，我开展了此次调查，也希望从中获得一些启发。

2. 调查方案设计

2.1 调查目的与意义

调查的目的是了解被调查企业的类型、发展阶段等基本信息,以及它们对目前中国法律的了解程度,进一步了解中小型企业对法律法规的需求程度,包括:中小型企业在现实中通常遇到的法律问题及其解决措施,中小型企业制定企业制度的合法性情况,中小型企业对法律顾问和法律服务的态度,中小型企业的法律意识;并在此基础上直观地描述中小型企业法律需求的现状,挖掘中小型企业法律需求现状的原因,提出自己的意见与建议。其中对中小型企业法律需求现状进行的调查研究,是从社会影响、法律环境、企业自身情况等多维视角探析导致该现状的深层次原因。希望此次调查能够向相关部门有关工作的开展以及中小型企业的发展提供数据支持和意见参考,帮助相关部门在今后的工作中精确地把握建设方向,高效地开展工作,使中小型企业在今后的发展中增强法律意识,真正落实相关法律法规,为社会做出贡献。

2.2 调查对象与内容

本次调查的对象为杭州市萧山区闻堰镇中小型企业,内容涉及被调查企业的基本情况,旨在了解其属于第几产业及其发展阶段;涉及被调查企业面临的法律问题及解决措施,旨在了解其遇到何种法律问题及其遇到法律问题时运用法律途径解决的频率;涉及被调查企业是否制定相关制度,旨在了解其制定企业制度的合法性情况;涉及被调查企业对法律顾问的态度以及企业的法律意识,旨在了解其聘请法律顾问的情况及其工作人员法律素质的高低。

2.3 调查方式

(1)问卷调查:按照随机抽样的方法向杭州市萧山区闻堰镇中小型企业的有关工作人员发放问卷,共发放 30 份,了解中小型企业的基本信息,及时整合有关信息,其中有效问卷 28 份。

(2)纸质文献资料:借助有关学者对中小型企业法律法规制度的研究专著,深入学习有关理论知识,为报告提供一定的理论基础支持。

3. 调查数据分析

3.1 被调查企业基本情况

问卷中问题1结果显示21%(6家)的企业属于初创型企业,54%(15家)的企业属于成长型企业,25%(7家)的企业属于成熟型企业。问题2中显示大多数被调查企业为加工型企业和服务型企业,科技型企业所占百分比不到

5％。这两项调查结果表明被调查企业大部分属于成长型的加工型企业和服务型企业,科技型企业所占的比重很小。

3.2 被调查企业遇到的法律问题及解决措施

问题 3、4、7 结果显示,仅有 5％ 的企业认为自己遇到过严重的法律问题;而企业遇到的法律问题中,一般民事纠纷、债务纠纷、供货纠纷、劳动用工纠纷最为常见,但股权纠纷、知识产权纠纷的情况较少。对于企业遇到法律问题时通过何种途径寻求法律帮助,从调查中得出,33％ 的企业会选择外聘法律服务机构,28％ 的企业不寻求帮助,自己想办法解决,13％ 的企业会向政府管理部门寻求帮助。总的来说,企业在运营时遇到法律问题的情况较为普遍,但很少遇到严重的法律问题;遇到问题时,一般企业会向正规的法律机构寻求帮助,但是也有不少企业不寻求法律帮助,这表明一些企业存在法律意识不强、对法律需求较低。如图 1 所示:

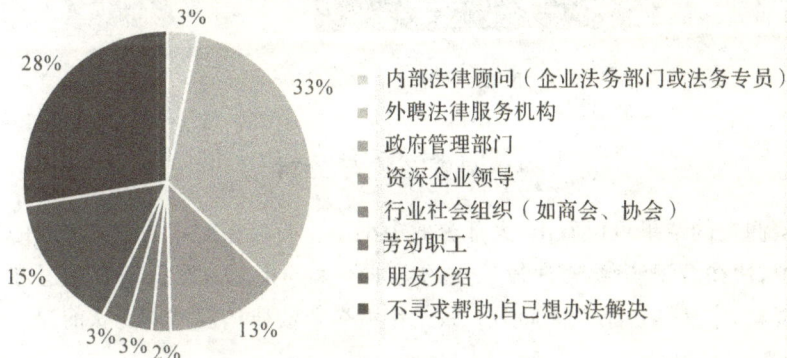

图 1 寻求法律帮助途径比率

3.3 被调查企业制定企业制度的合法性情况

问题 5、6 结果显示,84％ 的企业未制定相应的知识产权、商业秘密保护制度,并且有 72％ 的企业也不打算制定相应制度;但是大部分企业都有相应的合同审查或管理制度。这表明大部分企业对合同和管理方面的法律法规运用得较为广泛,但是对知识产权和商业秘密的保护不太重视。

3.4 被调查企业对法律顾问的态度及企业法律意识

问题 8、9、10、11、12 结果显示,71％ 的企业的合同范本不是由专业律师制作,并且大部分企业并没有聘请法律顾问,但是也有 58％ 的企业认为聘请法律顾问有助于公司发展;对于企业希望获得哪些方面的法律服务,从调查中得出,主要集中于法律咨询、法律培训、帮助调解法律纠纷、帮助企业打官司、合同把关、起草审查合同、完善公司制度、为公司决策进行法律风险咨询这几方面;并且大多数企业不太重视提高内部人员的法律意识,一般只有遇到具体法律问题才咨询。这表明大多数企业的合同范本专业性不强,并且企业聘请法律顾问的现象也不普遍,但有较好的发展前景。

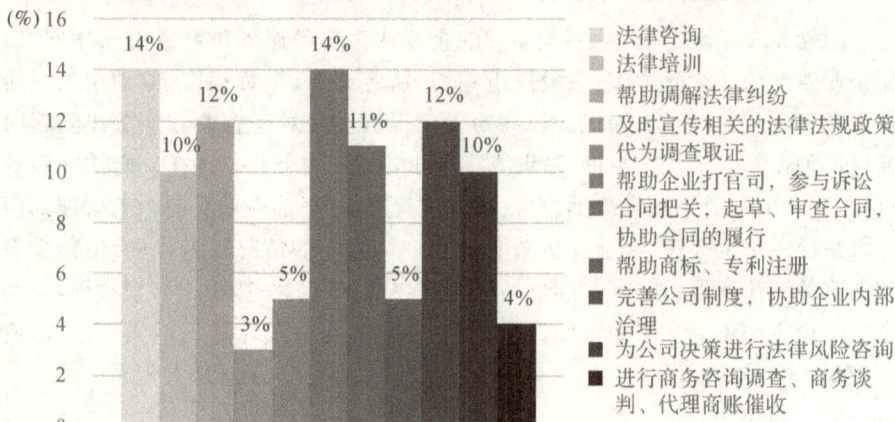

图2 法律服务需求比率

4. 调查结论与分析

从调查的结果可以看出,大部分的中小型企业存在对相关法律法规的运用不到位,法律意识淡薄,对法律法规的需求不大的情况。根据现有情况和相关文献资料,本文从以下三方面对导致中小型企业法律法规需求现状的原因进行分析:

(1)现有法律的可操作性不强。我国多数立法是国家立法机关制定了法律后,国务院再制定条例或实施细则,主管部门依照法律和行政法规的规定,又制定实施办法,将法律法规中的规定具体化。这样就造成法律本身过于原则、不具体、难以操作。造成法律适用时不仅需要引用法律条文,还要引用实施细则的规定,内部规定或司法解释,使人不知道如何使用法律,特别是对缺乏专业法律人才的中小企业。如《中华人民共和国中小企业促进法》在很大程度上缺乏应有的刚性约束,是一种政策性法规,而非规范性的法律,可操作性不强难以执行。现有法律自身的缺陷导致中小型企业无法适应,从而对它的需求也随之降低。

(2)国家的宣传和管理不完善。我国至今都没有统一的中小企业管理机构,从而存在机构重叠、多头管理、各自为政的情形,导致管理部门职能弱化,专业性不强,法律法规宣传不到位,管理模式不能配合现有法律的普及和运用,从而使中小型企业对相关法律法规的了解程度比较低,对它的需求也随之降低。

（3）企业自身原因：大多数被调查企业属于成长型的加工型、服务型企业，多为劳动密集型产业，也就存在企业本身对内部的企业文化和企业制度的发展要求不高的弊端，并且中小企业较之大企业在内部管理、制度建设等方面更混乱、更脆弱，也更加不重视。虽然有一半以上的企业认为聘请法律顾问有助于公司发展，但是在具体聘请法律顾问时，往往存在与想法相背离的情况。这也导致中小型企业在法律意识、管理落后的情况下对相关法律法规的需求也不高。

5．对中小企业法律需求现状的建议

（1）增强现有法律的可操作性。如要将《中华人民共和国中小企业促进法》落到实处，光靠这一部基础性法律是不够的，还要有针对各个方面的专门立法，形成一个促进中小企业发展的法律体系。因此需要制定一大批专门针对中小型企业的单行性法律、法规和规章，在竞争保护、产业指导、税收、融资和管理等方面实施具体的法律保障，做到基础性法律具体化、有针对性，解决过去法律法规中没有对中小型企业明确指向的问题，使相关法律法规的内容能真正落到实处，解决中小型企业法律法规颁布后操作性不强的问题。

（2）完善国家层面的宣传和管理。政府要积极改革现行的管理模式，设置中小型企业专门的管理机构，改变政出多门、相互推诿、效率低下的情形，使对中小型企业的管理和宣传措施得到落实，协调好法律实施过程中的各种关系，使国家的法律能得到有效地贯彻执行，使中小型企业对相关的法律法规有明确的认识，深入理解法律颁布的目的和意义，从而能更好地运用法律。如我国应在国务院设立中小企业发展部或中小企业管理局，由国家经贸委小企业司在吸收其他机构的中小企业管理职能的基础上组建，作为专门的中小企业管理机构，负责对中小企业的指导、协调、监督、服务等，并在基本法中确定此类机构的法律性质及职能。

（3）完善企业内部的管理并增强法律意识。企业领导对企业法律的认知和重视程度影响企业法律需求的高低以及企业内部法律意识的强弱，因此作为企业的领头人应该积极组织相关人员进行法律培训，提高自己及相关人员的法律素质，使得企业人员对相关的法律法规都能有一定的了解并进行运用。企业内部管理体制对企业法律需求的高低也有重要作用和意义，如企业是否有完善的合同管理制度，是否有完善的商标、专利、商业秘密等工业产权，是否有聘请法律顾问的意愿，这些都影响着企业在遇到法律问题前或遇到法律问题后对相关法律法规的需求，因此企业应该完善内部的管理体制，增加必要的法律费用开支。

参考文献

［1］王尧. 中小企业法律保护制度研究［EB/DL］. 2004. http：//epub. cnki. net/kns/brief/default_result. aspx.

［2］姜娜. 中小企业法律制度研究［EB/DL］. 2003. http：//epub. cnki. net/kns/brief/default_result. aspx.

◎ **自我风采**

我是浙江财经大学 14 级非诉实验班的陈晓炜。

自身优势和长处：为人正直、稳重，责任感强；涉及道德方面的问题，坚持自己的原则，绝不盲目从众；始终保持乐观的心态，有很强的自我调节能力，喜欢从正反两方面来看待问题；喜欢与人交流沟通，以求从多角度思考问题，注重过程和细节；对待喜爱的事物积极进取，自控能力较强，且遇事冷静，用实际行动证明自己。

自身不足之处：口才能力还需进一步提高，有时怯于表达；相对保守，不太喜欢打破原有的格局，对一些新事物缺乏热情；过分追求公平，容易执着于细节。

法学的学习已有将近三年，在这期间，我对未来的就业迷茫过，也怀疑过自己对法学的喜爱，但一路走来，我始终相信法律之门永远会为我们敞开着，我们始终与法偕行。

获得的部分荣誉如下：

浙江财经大学优秀学生三等奖学金

浙江财经大学优秀团干部

法学院羽毛球赛三等奖

韩语 TOPIK2 级

◎ 法路思语

　　作为一名法科生，我们应该时刻提醒自己肩负的责任，拓宽自己的视野，掌握扎实的法律知识。在提高自己专业素养的同时，也应该提高口头和书面表达能力，始终保持严谨、认真的态度，在任何时候都应具有高度的责任心，关注细节，深入思考，尊重法律，尊重事实。既然我们选择了法学，那么就要有走到底的决心，时刻保持激情，去享受这个过程，要坚持自己的原则，踏踏实实走好每一步。

大数据时代中国法律检索的改进方法研究

2014级非诉法律实验班　郭昱涵

摘　要：大数据对于我国专业法律检索服务系统的兴起与发展具有重要的促进作用。该文探讨了大数据时代法律检索的定义以及大数据对于法律检索的指导意义，并分析了中西方法律检索的区别与原因，最后就改进中国的法律检索方法提出了建议。

关键词：大数据；法律检索；专业法律检索服务系统

　　法律实务中法律检索作为获取法律信息的途径方法在法律实务及学科研究中至关重要，信息的全面与否及准确与否甚至关系到案件或课题的成败。法律条文检索的有效性体现于其适用性及权威性，案例检索的有效性则表现在其关联性及指导性。因此，法律检索是从事法律职业必备的基本素养。在互联网信息尚未完备前，人们仅可从书籍和一些机构私有的数据库中来获取法律信息，信息不全且难以筛选，导致许多案件因信息准备不够充分而在庭上处于劣势甚至败诉。这充分说明：我国法律资源管理缺乏科学性、系统性和专业性，法律资源管理体系的不完善导致获取法律信息的机会不平等——司法的不公。而大数据时代的今天，法律检索的资源不再局限于此，而是以庞大互联网信息作为支撑，以特定专业检索数据库为平台，更全更快更精准地获取所需信息，法律检索更加成为法律人必备的专业技能。

　　本文将从大数据时代法律检索的定义、大数据对法律检索方法的指导意义、中西法律检索的差异及原因、大数据时代改进中国法律检索方法的建议这四个角度进行对中国法律检索方法的改进研究。

1. 大数据时代法律检索的定义

　　在中国，对于"法律检索"一词没有统一的叫法，一般来说，法律检索、法律文献检索、法律信息检索等意思相同。"检索"一词，在一般意义中是"查检寻找（图书、资料等）"之意。法律检索主要包括两个含义：一是指法律文献检索，即搜集有关某一法律问题的法律根据,亦指为法律检索目的而有效地编排和整理关于某一法律问题的依据方面的研究;二是指法律研究,查找法律问题及法律相关的问题做系统的探讨与考察。本文所讲的"法律检索"主要指前述第一个含义。

当电脑全民普及,网络检索无处不在,法律检索在大数据时代被赋予新的定义。12年前,法律检索在图书馆进行,是法学教育及实务的前沿,如果说法学教学和研究人员是"兵马"的话,那么法学文献资料则是"粮草",而图书馆无疑就是提供粮草的仓库。而今天,取代当年翻阅查看的是简洁的检索网站。网络的普及促进了大数据时代的到来。网络的开放性、可操作性和新颖性,已成为人们法律检索的首选,它打破传统数据库的地域、门槛等局限性,在普及法律检索的同时提高法律检索的质量和效率,进而加强了法律检索在法律实务、法学研究中的重要性。而专业法律检索使法律人对争议点判决倾向更加明确,有利于对客户需求更好地了解,更有序地搭建文档数据库,更准确地分析盈利能力等,法律检索专业化势在必行。

因此,在全法律界开始兴起法律检索的大数据时代,法律检索不再仅仅定义为获取法律信息的途径,而是借助大数据互联网的优势获取、筛选法律信息,从而真正作用于实务、学术中。而法律人法律检索的关键,是在海量信息中,充分运用公开、商用信息,尤其是法律专业数据库,从而准确获取真实性信息,与普通非法律专业人士区分开。

举一个简单而惊人的例子,通过百度检索"最高人民法院关于审理建设工程合同纠纷案件的暂行意见",在检索结果中多条显示出此文件(见图1)。然而当在专业法律检索平台上再次输入,进行法规检索,却得出并无此文件的结果。这不是因为检索系统内容的不全面,而是因为此文件并非最高人民法院出台,其真实本名为广东省高级人民法院关于印发《关于审理建设工程合同案件的暂行规定》的通知(见图

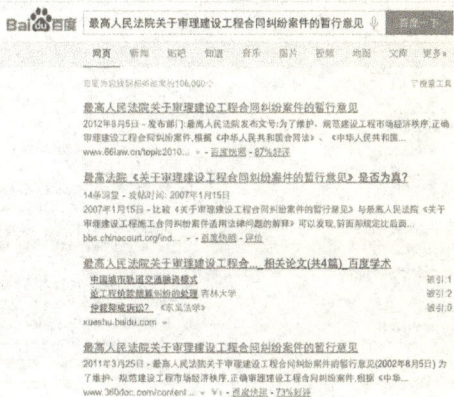

图 1 百度检索

2)。令人惊讶的是,竟然有70件案例以"最高人民法院关于审理建设工程合同纠纷案件的暂行意见"为判决依据(见图3)。由此得出,真正专业的法律检索并非简单搜索,而是以法律逻辑思维整合真实准确的法律信息。真实性、权威

性、准确性才是当今法律检索的重要特征。法律人应做专业性法律检索,而不能与非专业人士一般,轻信普通搜索引擎的检索结果,丧失自己的专业性和权威性。

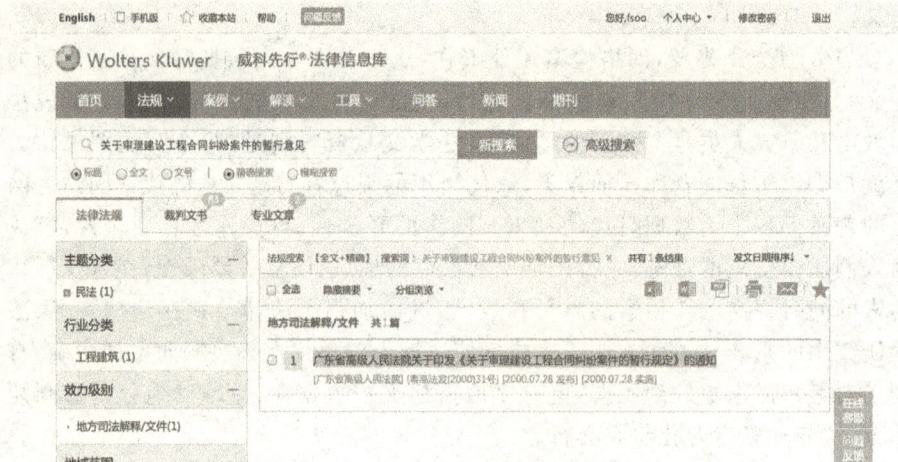

图 2　威科先行检索

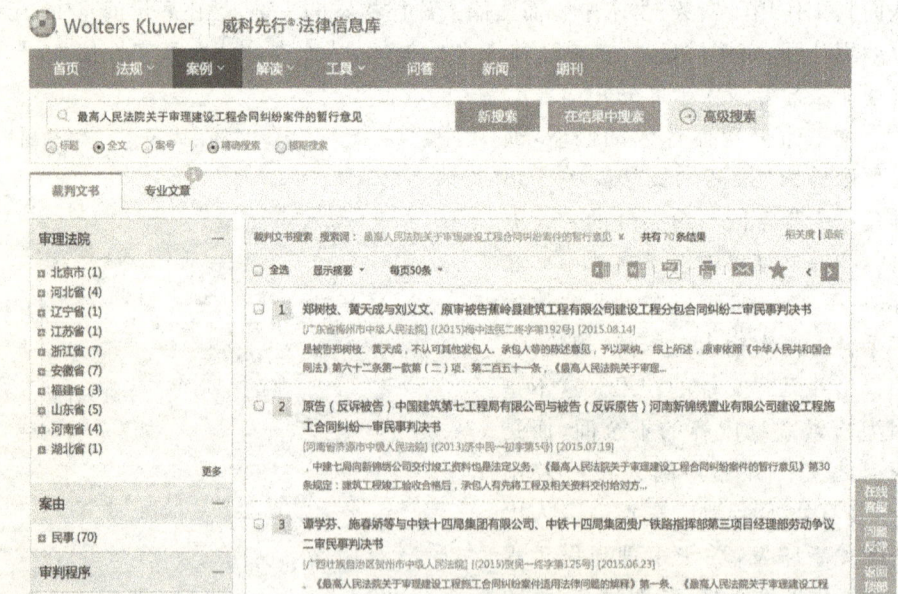

图 3　威科先行检索

综上所述,大数据时代的法律检索是以法律逻辑思维为基础,充分运用互联网大数据的庞大资源,利用各法律检索工具,对法律信息进行精准捕捉、整合,来解决法律问题。

2. 大数据对法律检索方法的指导意义

随着互联网的普及,法律人开始利用搜索引擎进行法律检索。随着 2013 年 7 月 1 日中国裁判文书网的高调上线,2014 年新年第一天《最高人民法院关于人民法院在互联网公布裁判文书的判定》正式生效,这撬动了司法公开的杠杆,法律信息激增且权威性提高,导致大数据成为当今时代的强大武器。法律人依托于此,借势而为,建立起专业全面的法律检索平台,在其不断完善后功能强大的今天,法律人法律检索的方法发生革命性改变,是"法治中国建设的一项重大工程"。

查询企业信息,仅需在全国企业信用信息公示系统查询即可,若是想要更多信息,可以通过法律检索平台查询企业涉及案例及政府文件,通过股票类网站查询上市企业的信息,利用百度快照查询被封锁限访的重要信息,通过百度指数查询关联词语及地域,甚至普通的搜索引擎也可能达到查询目的。

查询相关法律法规及规范性文件,国内法律检索网站基本都可简单获取。

查询关联案例,输入相关关键词,进行专业法律检索,甚至可由此获取关键争议点的判决倾向及判决依据。

法律人利用大数据进行查询,解决法律问题的同时,大数据与可视化分析相结合,使庞大数据依托生动图表,以大数据报告为主要成果,给客户、法官以强大的视觉震撼,以海量的准确数据说服对方,展示自己,对促进法律检索的普及具有重大作用。因此,大数据时代下的法律检索与可视化分析相结合是一大发展趋势。

大数据时代下法律检索服务系统愈加完善,线上法律检索以其快速高效便捷精准全面的优势成为主要检索方式,指导法律检索形成规范化专业化服务系统。

较为常用且权威的法律检索网站有裁判文书网——官方裁判文书上网网站,权威性高,仅可使用高级检索;律商——与美国律商同源,信息多元化,国内外法规齐全,可个性化高级检索当事人,具有特色可视化分析功能,案例较少;威科先行——裁判文书上传速度最快且最全,可直接表格下载并含案例链接,收费较高。这些法律检索资源分散且各有优劣,有一款名为 iLAW 的综合检索平台(见图 4),它整合了各大法律检索网站的门户链接于搜索界面,可一键直达所选检索网站,避免多次登陆,是目前国内先于其他法律检索服务系统的唯一整合型系统,具有指导意义。

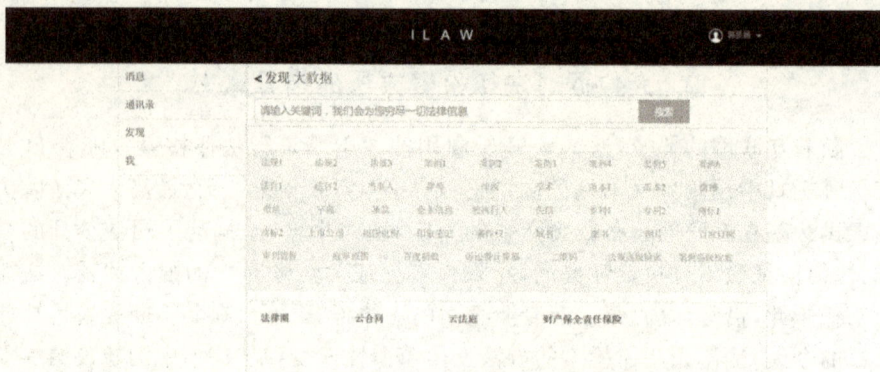

图 4　iLAW检索

　　这是大数据时代通过内容的激增对法律专业检索系统的指导,同时大数据时代下互联网技能对法律检索也具有不可替代的指导作用。

　　利用"site:"等网络检索技巧,可得到更全面更高效的检索结果,法律人应充分利用检索技巧,更快捷利用全网资源进行检索,甚至比各专业法律检索工具的高级检索功能更加高效。

　　同时,大数据时代意味着互联网的绝对作用,其最主要的影响是国际化、全球一体化,因此法律检索也将以国际化作为另一发展趋势。

3. 中西法律检索的差异及原因

　　各国法律的内容和形式有所不同,肯定会造成其出版物在组织和结构方面的差异,由此造成各国法律检索的巨大差异。本文将通过对比英美法系、大陆法系的差异,探寻法律检索现状存在巨大差异的原因。

　　以中国为例,法律检索在中国法学领域中尚未形成概念,专业人士对它的认识也非常有限,远谈不上共识。认识尚且如此,法律检索实践也可想而知。从网络一开始建立,就有人意识到网络传媒所蕴含的巨大潜能,着手开展网上法律检索服务。现如今国内兴起不少能够提供规范性法律文件及法律论文网上检索的网站,但知名度高且有自己特色的法律网站还没有最终形成。存在的问题主要是法律信息资源的数量和质量尚有欠缺,要么种类单一,要么更新不及时,影响准确性、连贯性和实用性。法律人对于法律检索没有系统的学习,仅用来简单查询,而非制定检索策略、解决法律问题。另外在系统的设计和服务意识上也有需要改进的地方。根据本文先前举例,专业化的法律检索之路漫漫。

　　而以美国为例,其从教育、技术、实务多管齐下,专业互联网法律检索是每位法律人的家常必备。其专业的商业计算机法律信息服务系统有三大优势:内容专而全面,传播迅速更新及时,提供友好的用户界面多角度检索。出色的服务体系为各界提供专业法律服务。

首先,大陆法系的判决依据为成文法,法律信息的公开主要以法律法规为主,多以纸质出版物为媒介,且大部分法律人的法律检索多为法规。其次,在大数据时代,近年来裁判文书上网,中国同样建立起属于自己的较为完备的专业法律检索系统,但由于法学教育以学术理论为主,法科生没有强制且系统的学习机会,导致法律人总体案例检索意识低下,专业法律检索能力也十分不足,只能在实务中摸索学习。由此可见,中国新兴的专业法律检索服务系统的使用现状也并不乐观。

而以美国为例的英美法系,其为判例法,意味着美国法律界对判例检索的巨大刚性需求,得判例者得天下。在互联网技术成熟后,美国就建立起专业法律检索服务系统,并随大数据时代的技术进步,逐步完善,领先全球。各法学院必选课程 LRW,其图书馆系统、高强度地培养法科生法律检索和书写能力,从法学教育对法律检索的重视来看,法律检索在英美法系法律界的地位举足轻重,利用互联网大数据进行法律检索是每位法律人必须具备的执业能力。

4. 大数据时代改进中国法律检索的方法建议

法律检索的目的是为法律人提供全面精准的所需信息,但迄今为止,我国法律检索存在着一定的缺陷。其原因是对法律检索效果存在着两种判断依据,一个是检索服务系统对法律人制定需要的响应,凡是符合检索策略特征的相关法律信息,会被系统自动输出。系统认为与检索策略不匹配的法律信息则不会被输出,谓未检出法律信息;另一个是法律人的判断,从法律逻辑思维出发,判断被检出的法律信息分为需要和不需要两部分。

政府信息公开是民主法治的要求,也是法律信息服务的源泉,所以法律信息的发展与政府信息公开程度有着十分密切的联系。至今,中国已在互联网公开约 1100 万份裁判文书,案例上传数量逐年递增,仅 2014 年就有 3779890 份裁判文书上网,占全部文书的 50.16%。这欣欣向荣的一切都归功于司法改革——案例登记制,民事案例增长约 30%,而刑事案例增长率竟多达约 200%。这为法律检索的进一步发展提供了良好的资源基础。

《论语·卫灵公》中云:"工欲善其事,必先利其器"。此寓意为在做事情之前,准备工作是非常重要的,可以事半功倍。大数据时代下我国专业法律检索服务系统雨后春笋般兴起,为广大法律人提供了极大的方便,但同时这些法律信息资源无序化、分散性的弊端,又给查询和利用带来了资源整合难度大等一系列新问题。虽然上述 iLAW 检索服务系统属于整合类的检索平台,领先于国内其他检索平台一步，但仅是各大检索网站链接的整合，而非真正对全网法律信息的检索，若更进一步整合各大检索网站的优势内容，则是中国网络法律检索最理想的服务系统，是中国专业法律检索全面普及的最强推力。然而以现在的条件，这只是美好愿景，我们能做的就是尽可能完善已有的法律检索系统。

随着经济全球化的发展，同世界各国的交流与合作日益紧密，为了尽快与国际规则接轨以及满足自身发展的需要，我国民主和法制化进程明显加快。对于学术界和实务界而言，从事法律工作或是法学研究时，既要立足本国，也要放眼世界，参考国外资料是非常重要且必要的，了解国际同行的研究方向和进展，学习发达国家的先进思想和理论，取其精华，为我所用。

通过对以丰富的法律信息资源、强大的检索功能及完善的服务体系堪称法学数据库中的典范——美国典型综合法律检索系统 WESTLAW、LEXIS 的分析可得出，若想在法律检索的质量上胜出一筹，应"牢固地树立以用户、市场为第一位"这一服务宗旨，坚持求全、求新、求准、求变，全方位、多层次提供周到细致又个性化的增值服务，摆脱低水平重复建设的局面，整合现有资源，最大限度地满足用户的法律信息的需求，由此建立标志性且具有国际影响力的品牌法律检索系统。

然而法律检索的改进不仅是检索工具的进步，更是思维方式的进步，即法律检索意识的提升。

正是由于当今我国对法律检索教育性质的认识不足，导致对它的重视不够，甚至完全忽略它的作用。法学院的认识水平决定教学效果，我们必须明确并重视法律检索教育的作用，加强宣传法律信息素质的意义，积极组织教学力量，条件成熟的院系应该将法律检索设为正式课程，列入学生的培养计划中，使每个学生能够接受法律信息教育和检索技能的训练，提高信息素养，培养学生持续学习、终身学习的能力，将法律检索教育融入各门课程内容中，多种教学形式和教学资源结合起来，培养学生的创新能力和应用能力，并重视促进法律思维方式的进步。

以浙江省为代表的各省律师协会帮助本省律师购买商用的专业法律检索工具，以畅通无阻且高效便利的体验感，捆绑、固定各律师对网络专业法律检索工具的使用，从而推广大数据时代法律检索，提高律师们的法律检索意识，更好地受理业务，进而在法律界积极推动法治社会的良好建设。

5. 结　语

总而言之，由于法律资源的发展变化使得法律检索的性质发生了很大的变化，所以设定检索策略和掌握新的检索技巧对于法律研究人员而言至关重要。

法律资源的海量增长使得法律研究人员需要学习新的检索方法以便收集和筛选信息资源,同时,因为这类法律信息资源基于载体多元化而产生的多元性,使得由信息专业人员对信息资源做出评估成为法律检索的必要部分。

这是一个技术驱动法律的时代,大数据是充满肥美食物的森林,如果不掌握大数据时代下专业法律检索工具,我们将继续蜷缩于黑暗潮湿的洞穴,在饥饿中等待死亡。而作为法科生,未来的法律从业者,我们更要远望,在掌握工具的同时,完善工具,创新思维,搭建和国外法律信息进行交流的基础平台,推动法律检索,甚至是法律界,走向新的巅峰——属于大数据时代的巅峰。

参考文献

[1] 于丽英.中国法律检索教育评析[J].法律文献信息与研究,2009(1):29-34.

[2] 钱崇豪.因特网搜索引擎与法学信息资源的获取[J].华东政法学院学报,2003(4):78-80.

[3] 朱亚峰.中外法律文献信息源检索之比较[J].法律文献信息与研究,2003(2):4-8.

[4] 常永平.加强法律文献检索服务提高法律教学科研水平[J].华东政法学院报,2003(4):84-85.

[5] 吴志鸿.中美法律信息资源检索与利用[J].法律文献信息与研究,2009(2):36-49.

[6] 柳宪章.律师执业的基本素养[J].法律文献信息与研究,2009(2):50-56.

[7] 吴亮.我国法律检索文献书籍的发展现状与分析[J].法律文献信息与研究,2005(3):21-27.

◎ **自我风采**

　　作为第一届非诉实验班的一员，我在学习上低调进步，与班级学院共同成长，不拖后腿，保证在毕业的基础上发展兴趣课程。在认真生活、努力学习的同时，积极参加外出交流活动、院校文艺活动及暑期律所实习，努力独立自主，结合理论与实务，开阔眼界，提高情商，珍惜朋友。虽然在班级中年龄最小，但一直致力于做靠谱的"大哥"。

　　曾作为班级学习委员组织同学老师律师们积极开展读书会活动，参加院辩论队、校辩论队比赛，曾与队友一起获得院赛冠军、校赛季军、省法科杯辩论赛邀请赛亚军，华东法律控辩大赛三等奖等。

　　因对法律科技运用的兴趣，个人曾获得省法科生征文大赛三等奖，创新创业与职业规划大赛三等奖。

◎ **法路思语**

　　第一次接触法律是 3 岁时的一次搬家，我们住到区法院的隔壁，对隔壁铁门里的警车、国旗、大徽章都感到好奇，这是警察局吗？住在新家好安全啊。

　　渐渐长大，明白了法院不是警察局，但也会有警车；大家来这里打官司，解决不顺的事情；门口一大早就会徘徊着的民工叔叔们不是坏人，虽然他们总是将烟头随地乱扔；如果一个人晚上打车回家，不报小区名字而是讲去 xx 法院让我更有安全感。于是法院的形象在我脑海里有了一个简单的定义——帮助好人，让坏人会害怕的地方。

后来，呆蠢的小姑娘开始学习政治，明白了法院是司法机关，法院也像政府一样分等级，而家旁边的法院是最低一级。于是得意又肤浅地认为自己摸透了它的老底，不再像以前一样关注它的相关动态了。

再后来，我开始喜欢看非大陆的电视剧了，港剧、美剧，里面的法官、律师拥有我所没有却向往的帅气模样，理性而冷静，自信而矜持，犀利而有据。跟古装电视剧里只会爱美宫斗的娘娘们不一样，跟装傻卖萌的偶像剧女主不一样，跟柔弱多病的韩国妹子也不一样，我开始有点尝出法律自带锋利的武器味道。

终于，在高考后我成功进入梦想已久的法律系，却没想到这是三观颠覆的开始。人分多种"人"，而非简单的"好人""坏人"。人要有资格在法律上称为"人"还要符合条件，连公司也是"人"，孕妇肚子里的宝宝不是"人"……所有我赖以生存并为此骄傲的常识从浙江财经大学法学院楼 4307 教室开始宣告无效，我和同学们不得不像法律婴儿一样从最基础的问题开始，是什么？为什么？

当我自以为小有成就科科及格后，开始了实验班的暑期特别实习课程。在此之前，我一心以为我跟律师们就差在没背过法条、没去考司法考试、没办过案子而已。我的实习导师是一个很外显的律师，他充满活力与激情，固执却不固守，给了我一个很好的学习机会，提前送我去参加实务技术的培训。当我坐在一群经验丰富、谈吐不凡、认真好学的律师中时，我发现我唯一的优势就是无知和年幼。因为无知，所以我可以很好地直接吸取学习他们多年总结的实务精华，可以很快地接受最新形势下的实务操作，可以厚脸皮谦虚地请教学习。因为年幼，大家都很照顾我，帮助我成长，让我不得不加快脚步勉强赶上。从此，我明白了体系的重要，万变不离其宗的不是法条而是框架原则。

眼下，我们正处在紧张准备司法考试的大三，但我们的眼界不能只停留在司考和择业上。非诉讼法律实验班教会我们将视野从传统诉讼开阔到非诉讼法律实务。总是自认有追求、有品位的我们，更应该自主地着眼于法律事业的全球化发展，法律技术的应用，法律思维的建立，法律梦想的找寻。

学生课堂满意度及其影响因素研究报告

2014 级非诉法律实验班　胡柏源

摘　要:在大学中,课堂教学是师生交流的重要载体,而课堂满意度是其质量与价值的直接体现。而在实际教学过程中,却普遍存在学生课堂满意度不高的现象。学生作为课堂主体,其课堂满意度受"学生学习主动性""课程设置""教师备课程度及教学方式"三个方面的影响。

关键词:课堂满意度;课程设置;教师考评制度

1. 引　言

"大学"一词在拉丁语中意为"教师和学者的社区",大学由传道授业的"教师"和来此学习的"学者"构成。截至 2015 年 5 月 21 日,中国大陆地区的普通高等学校数量已达到 2845 所。教师与学生相互探讨、共同学习的过程,是这些大学得以存在和发展的基础,而课堂学习正是承载这一过程的良好载体。

由于参与者个体差异大,不同的师生匹配组合所经历的课堂学习过程也是不完全相同的,学生的课堂满意度也由此受到许多因素的影响。在日常的学习过程中,同学们亲身感受到老师们相异的教学方式,接受其他同学对老师的不同评价,由此对自己的课程做出相应调整,并完成定期的学评教任务。由此可见,同学们的课堂满意度对学生群体、对教师、对学校的良性发展都有较大影响。本文通过对同学课堂学习现状的调查,研究影响课堂满意度的各方面因素,并提出相应的建议,以达到提高教学质量,提升师生交流品质,促进学风建设的目的。

2. 学生课堂满意度的现状分析

2.1 对课堂满意度的定义

我们通常所说的课堂满意度,是指在校学生接受教师的课堂教学后,根据所接受的知识数量与价值所做出的满意度评价,是从"学"这一方面对教学关系做出价值判断。在一定程度上,学生在课堂中属于"消费者"一方:学生出于个人需要购买、使用产品,接受他人的服务。教师在课堂教学中所传授的知识的数量与价值即"产品",学生的课堂满意度在某种程度上相当于消费者对产品质量做出的评价。

2.2 学生课堂满意度的现状分析

为获取直接的课堂满意度调查数据,我们向周围在校大学生发放了调查问卷,范围涉及大学四个年级。现对调查结果进行初步统计分析。

2.2.1 关于课堂满意度与学生学习情况的调查(图1)

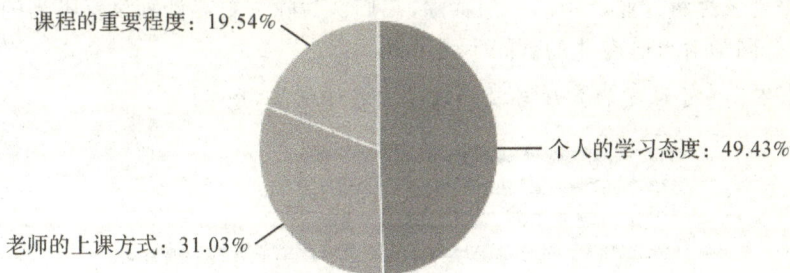

课程的重要程度:19.54%

个人的学习态度:49.43%

老师的上课方式:31.03%

图 1 影响学生出勤率或学习情况的主要因素

在这一题中,有 49.43% 的受调查者认为学生"个人的学习态度"是影响学生出勤率或学习情况的主要因素。从学生的角度看,即使课程并不十分重要或者教师的上课方式不讨人喜欢,只要有认真的学习态度,学生的学习情况就会得到相应的改善。值得一提的是,在另外关于"您对自己认真听课的满意度"这一题中,只有 18.39% 的同学选择了"满意"这一选项。这意味着许多同学对自己的学习态度有着较高的期望值,却没有亲身实践的动力。

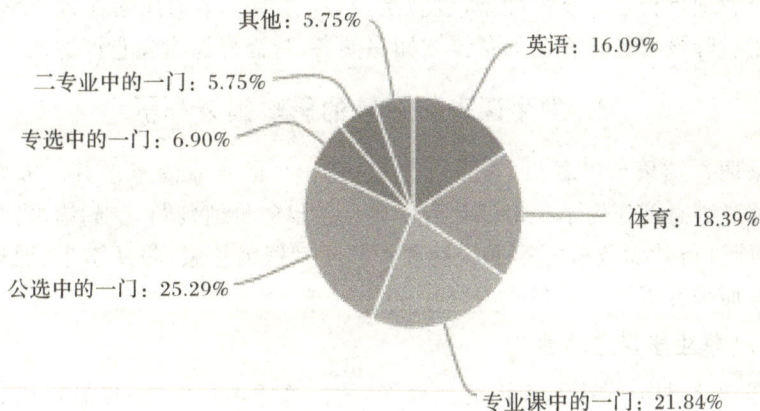

其他:5.75%

英语:16.09%

二专业中的一门:5.75%

专选中的一门:6.90%

体育:18.39%

公选中的一门:25.29%

专业课中的一门:21.84%

图 2 最希望从课表中移除的课程

2.2.2 关于课堂满意度与课程性质的调查(图2)

在这"最希望移除的某一门课程"的调查结果中,排名榜首的是"公选课中的一门",紧接其后的分别是专业课中的一门、体育以及英语。公共课管理相对宽松,考核方式多种多样,而在采访很多同学后得出的结论是"公共课中有必修的课程,并非想选什么就能选什么,而往往那些必修的模块并不是自己想上的模块"。这样非上不可的课程在很多人看来非常没有必要,因此,同学们将其列为"最希望从课表中移除的一门课"的行为是可以理解的。但还有相当部分的受调查者选择将专业课中的一门移除,我们认为除去培养计划设置不当的因素外,部分同学对自己专业的认同不强也是原因之一。

2.2.3 关于课堂满意度与教师教学方式的调查(图3)

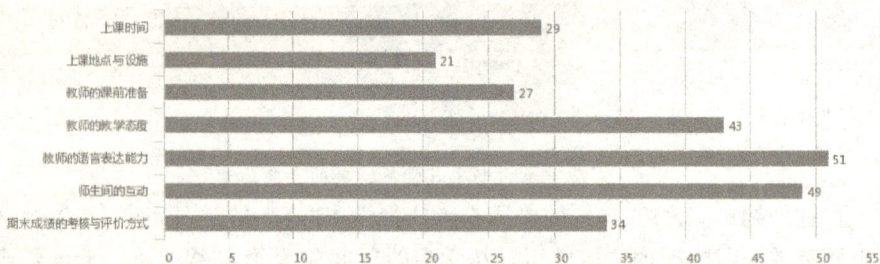

图3 影响课程效果的因素

分析这一题的调查数据不难发现,同学们认为教师对课堂学习的效果好坏仍负有主要责任:"教师的语言表达能力""师生间的互动""教师的教学态度"分列前三。而在"您认为授课教师的课堂准备如何"这一题中,只有一半的受调查者认为教师进行了充足的准备,也就是说,有将近一半的同学在课堂学习过程中发现教师没有进行充足的备课与知识储备,从而对课堂满意度造成了影响。

3. 学生课堂满意度的影响因素分析

从调查结果可以看出,在教学过程中,学生的课堂满意度并不非常可观。学生课堂满意度作为学生对课堂教学质量做出的价值判断,受到诸多因素的影响,不能进行片面分析。根据问卷调查和文献资料检索,将从学生、课程、教师三个方面来分析。

3.1 学生学习主动性

课堂学习中,学生是知识的接受者,他们希望习得才能,提升自己。"学生是课堂的主角"也是教育界颠扑不破的真理。许多学生都认为,认真的学习态度是改善学习情况、提高学习效果的关键所在。但从上文的调查数据分析不难看出,同学们并不对自己认真听课的情况感到满意。换句话说,许多同学都处于一种"想要好好学习,但并没有好好学习"的状态之中。没有对课本进行充分的预习、没有安排好课余休息时间导致上课无精打采、缺乏学习动力等,都是这种情况出现的原因。

3.2 课程设置

在同学们的课程表中,公共必修课是定期出现且占用较多课时的一种必修课程。公共必修课是指各专业或部分同类专业的学生共同学习的课程,是学校强制要求学生学习的课程。而许多同学在学习公共必修课的过程中,都有类似的感觉:公共必修课大多枯燥无趣,而且没有什么值得吸取的营养。

目前,各高校设置的公共必修课,主要有"大学生心理健康""军事理论""中国近代史纲要""思想道德修养与法律基础"等。不难看出,这些课程如果放入选修课程的列表中,想必少有人问津。公共必修课虽然有它存在的必要和价值,但并不代表它可以肆意占用学生的学习时间。这样既达不到传道授业的目的,学生的课堂满意度也难以提高。

3.3 教师课程准备程度及教学方式

受多年应试教育的影响,学生在课堂学习过程中仍将教师"奉若神明"。教师在课堂教学的过程中的作用仍然非常重要,没有教师这一知识的生产与传播者,学校将无法实现它存在的最基础的价值。但在学生的课堂学习过程中,能明显感受到不同的教师对所授内容的准备程度的差异。有些教师倚仗自己的教学经验和知识积累,对所授知识和PPT不加以充分准备,经常出现对着课本与PPT照本宣科的情况。这种现象导致部分教师无法把握学生在课堂学习过程中出现的疑难困惑。相信许多老师都有这样的体验:上课不仅是做一个演讲,更是某种程度上的一场演出。不经过充分的彩排,如何才能发现并处理"演出现场"发生的意外情况呢?

4. 提高学生课堂满意度的构想

4.1 增加学生学习的目的性与主动性

"态度决定一切"是在教育界流传多年的一句话,但至今依然有其不可忽视的价值。在课堂学习过程中,学生是主体。学生如果缺乏学习的主动性和目的性,"教师"和"知识"也就无法扎根生长。校方可进一步开展职业规划和专业引导等相关活动,以加强学生对所学专业的了解,并对职业生涯和人生方向进行一定的规划。有了方向与目标,学生就会更加主动地投入学习,也不会出现学生希望"将专业课中的一门移除"的情况。

与此同时,校方可以制定一些相关的校规,对课堂学习中的不良情况进行一定程度的规范,例如点名、限制手机的使用等。但是,这些规定可以治标,却很难治本,因为学生是自由的民事行为主体,对其行为进行过多的限制既不合情,也不合理。没有学生由内而外的主动学习,再多的外在限制只会适得其反。

4.2 缩减公共必修课的课时,丰富其课堂形式

公共必修课在大学课程中,是"既不叫好,又不叫座"的尴尬存在。大规模地取消公共必修课肯定难以实现,但根据目前部分实验班的培养计划来看,减少公共必修课在制度上是具有一定的可行性的。同学们普遍感受到在公共必修课上,难以习得与付出的时间同等价值的知识。公必课缩减后,课程内容的密度就会由于课时的减少而提高,学生也将有更多的课余时间进行其他课程的准备。

此外,与专业课的学术性不同,许多公共必修课有较强的社会性。这就意味着公必课的教授过程可以与社会现象、历史话题很好地结合起来。公必课的课堂教学可以更多地采用课堂讨论、辩论、参观考察等形式。例如,公必课"中国近现代史纲要"就可以要求学生自行组织参观杭州市内的某所历史博物馆,或要求学生从相反的角度对某个已有定论的历史事件进行讨论。这样就能最大限度地发挥课程性质的优势,学生参与课堂的积极性与课堂满意度都会有所提高。

4.3 加强教师授课过程的评分与考察

"学评教"是目前已经开展的教师考评制度。但这种每学期进行一次的考评活动间隔时间较长,考评项目随意,没有得到教师与学生的重视。就如同教师会对学生进行不定期的提问与测验一样,学生对教师的考察也可设置为不定时的。可由校方安排,在某一节课结束后对学生进行问卷发放,内容涉及对本节课教师的授课方式与内容的满意度。

在授课过程中,如果学生一味地将自己定位为"消费者",不断要求捍卫"消费者权益",正常的教学活动将难以为继。但教师不妨在某种程度上将自己定位为"产品的提供者",在提供"产品"的过程中,要确保"产品质量",并完善"售后服务"。

5. 结 语

由于条件所限,我们无法对一些调查过程中出现的问题进行深入探讨,例如"将学生作为消费者的法理依据与实际可行性"这一问题。本文仅从在校大学生的视角出发,对学生课堂满意度及其影响因素进行调查并作简单分析,最后从"学生""课程""教师"三个角度提出了提高课堂满意度的建议。希望通过对学生学习积极性的提高、不同性质课程的课时调整以及教师考评制度的改

变,能进一步提高学生课堂满意度,以提高大学教学质量,优化师生课堂交流,促进校园学风建设。

参考文献

[1] 朱成碧,陈永进,周研茹. 大学生课堂教学满意度研究的元分析[J].高等教育研究,2011(1):35-38.

[2] 拉亚妮·奈杜,乔安娜·威廉斯,许心. 学生合约与学生消费者:学习的市场化与高等教育公共产品性质的侵蚀[J]. 北京大学教育评论,2014,12(1):36-52.

[3] 陶美重. 高等教育消费研究——基于"学生消费者"的视角[D]. 武汉:华中师范大学,2007.

◎ **自我风采**

本人自入学以来,一直遵守校纪校规,在思想、学习、生活等方面严格要求自己,虚心好学、积极上进。

在思想方面,本人为人诚实守信、尊敬师长、团结同学、作风正派。政治思想方面积极上进,在大一主动递交入党申请书,并被吸收入党,现在是浙江财经大学法学院第三党支部的一名党员。我平时积极参加党课培训,并以各种形式将理论知识进行巩固和实践。

在学习方面,我深深明白学习的重要性。在课堂中,我认真听讲,积极发言,敢于质疑,对班上其他同学起到了较好的模范作用,以实现共同进步。在课余时间,我主动学习本专业外的各种知识,自学并获得了会计从业资格证书和英语托业等证书。

在工作方面，曾在大一担任班级生活委员，十分关注同学们在学习生活中的各种需要，积极为同学服务，并与同学保持了良好的关系。在学生工作方面，曾担任校社团联合会主席助理，积极参与和组织学校各层面的学生活动，为学校的文体发展贡献自己的力量。

在生活上，我勤俭节约、热爱生活，积极参加校内外各项文化和志愿活动，如参加院级和校级的各类学术论文比赛，有幸成为 2016 年杭州 G20 峰会志愿者，并被评为优秀志愿者。在上述活动中均表现突出，并在工作过程中学习到了课堂之外的知识，充分锻炼了自己。

获得的部分荣誉如下：

浙江财经大学学生社团联合会 2015 年度优秀干事、2016 年度优秀副部长

浙江财经大学 2015 年度优秀班干部

浙江财经大学 2015、2016 年度三等奖学金

浙江财经大学 2016 年度优秀学生干部

2016 年法学院控辩大赛一等奖（团体）

第六届法学院"学习型公寓"课题二等奖

浙江财经大学 2016 年度三好学生

中国青年志愿者协会 2016 年 G20 峰会优秀志愿者

◉ 法路思语

曾经有朋友问我，学习法律给我最大的感受是什么。我当时玩笑地回了他一句"最大的感受就是感觉看什么都是假的"。当然这本质上是一句玩笑，但仔细想想似乎也并非全无道理。每接触一个案件，随着对其了解的逐渐深入，都仿佛在经历一段自己从未经历、也很难有机会经历的人生。只是在这样的人生里，人们说的话可能是假的，证据可能是假的，面对的情感和交流可能是虚与委蛇，甚至连整个案子都可能只是一场虚构的大戏。

无论是在现实中，还是网络世界，每天都有无数的信息和声音想要进入我们的大脑。在与法律接触的过程中，我仿佛逐渐建立起了一道无形墙壁，每当有信息想要通过时，都会接受下意识的盘问：你是真的吗？而很多时候，那些看似鲜活而又热烈的东西，其实根本经不起推敲与琢磨。久而久之，仿佛有了一种家事国事天下事，事事不想关心的错觉。

当然，一个合格的法科生不应该与世隔绝。假作真时真亦假，希望诸位都能在人生的小树林里，走上属于自己的那条幽寂小路。

就罗芙仙妮公司诉工商金山分局
一案看现存的不正当竞争行为

2014级非诉法律实验班 李恒昊

摘　要:该文旨在通过罗芙仙妮公司诉上海工商行政管理局金山分局行政处罚决定这一案,来分析在境外使用类似的商标是否构成"擅自使用"和"引人误解",从而界定该行为是否侵犯了知识产权,构成不正当竞争行为。并通过该案,提出现有法律的瑕疵,做出建议。

关键词:知识产权;不正当竞争;商标

1. 案　由

罗芙仙妮公司诉上海市工商行政管理局金山分局工商行政处罚决定案。

2. 案　情

上海市工商行政管理局金山分局发现罗芙仙妮公司生产的化妆品的外包装、容器、说明书等均印有"法国欧莱雅公司"字样,类似知名品牌"巴黎欧莱雅公司"。工商金山分局认定罗芙仙妮公司生产、销售涉案化妆品的行为,属于不正当竞争并做出了涉案行政处罚决定。罗芙仙妮公司不服,遂提起诉讼。

经查明,法国欧莱雅公司实际为注册在香港的公司,其授权罗芙仙妮公司作为该集团在中华人民共和国的全权代理。最终,该区人民法院判决维持工商金山分局做出的涉案行政处罚决定具体行政行为。

3. 案件焦点

罗芙仙妮公司对于商标的使用行为是否构成《反不正当竞争法》第五条第(三)项的"擅自使用他人的企业名称或者姓名,引人误认为是他人的商品"的规定,从而构成不正当竞争行为?

4. 争议与分歧意见

对于本案的判决,有两种截然不同的观点。

第一种观点:罗芙仙妮公司行为已构成不正当竞争。

第二种观点:罗芙仙妮公司行为不构成不正当竞争。

第一种观点认为:

(1)工商金山分局认定罗芙仙妮公司使用"欧莱雅"商标属于"使用他人的企业名称"成立。"欧莱雅"商标权和企业名称权属于巴黎欧莱雅公司,其成立后,"欧莱雅"又成为其企业字号,并且通过在中国大陆市场的销售行为获得相当的市场占有率和知名度,对此关于罗芙仙妮公司使用"欧莱雅"属于使用他人企业名称的认定正确。

(2)工商金山分局认定罗芙仙妮公司的行为属于"擅自使用他人企业名称"成立。由于知名企业名称的特殊性,擅自使用知名企业名称中的字号可被认定为擅自使用他人的企业名称,这已经为最高人民法院《关于审理不正当竞争民事案件应用法律若干问题的解释》第六条第一款明确规定,所以认定罗芙仙妮公司的行为属于"擅自使用他人企业名称"是正确的。

(3)工商金山分局认定罗芙仙妮公司的行为造成消费者对商品的误认和混淆成立。罗芙仙妮公司使用"法国欧莱雅公司"的企业名称,作为普通消费者,显然难以将两者加以区分。再结合罗芙仙妮公司以"法国欧莱雅公司"名义来作宣传,已经足以使消费者产生混淆和误解。据此认定罗芙仙妮公司的行为会导致消费者的误认和混淆是正确的。

综上,工商金山分局依据所收集的证据,认定罗芙仙妮公司擅自使用他人的企业名称,并足以导致消费者的误认和混淆,违反了《反不正当竞争法》第五条第(三)项的规定,构成对第三者巴黎欧莱雅公司的不正当竞争,具有充足的事实依据和法律根据,并无不当。

第二种观点认为:

(1)工商金山分局认定罗芙仙妮公司的行为属于"擅自使用他人企业名称"不成立。法国欧莱雅公司和巴黎欧莱雅公司是不同的企业,其注册地在香港,罗芙仙妮公司作为其在中国大陆的全权代理,自然可以使用该公司的商标。第一种观点认为,由于知名企业名称的特殊性,擅自使用知名企业名称中的字号可被认定为擅自使用他人的企业名称,这已经为最高人民法院《关于审理不正当竞争民事案件应用法律若干问题的解释》第六条第一款明确规定,但是该条文的规定中并没有"具有一定的市场知名度、为相关公众所知悉的企业名称中的字号"或者类似概念,明显不可以认定为《反不正当竞争法》第五条第(三)项规定的"企业名称"。

(2)工商金山分局认定罗芙仙妮公司的行为造成消费者对商品的误认和混淆不成立。《反不正当竞争法》第五条第(三)项规定:"擅自使用他人的企业名称或者姓名,引人误认为是他人的商品。"重点在于擅自使用他人的企业名称,这里明确规定了误认和混淆的前提为擅自使用他人的企业名称或姓名,但是罗芙仙妮公司很明显并未使用巴黎欧莱雅公司的名称,所以误认与混淆的前提不成立,那么,认定罗芙仙妮公司的行为会导致消费者的误认和混淆是错误的。

综上,可以认定罗芙仙妮公司并未擅自使用他人的企业名称,导致消费者的误认和混淆,其行为并不满足相关法律法规的要求,所以不构成不正当竞争。

5. 结　论

笔者认为罗芙仙妮公司行为不构成不正当竞争。将从以下几点进行分析。

按照常理来说,若是一条法律规则有了确定性的描述,那么它的适用将会不含疑义,但是在本案中,却出现了将法律规则模糊解释的问题。

首先确认本案中的"企业名称"。该区法院在使用《反不正当竞争法》第五条第(三)项规定"擅自使用他人的企业名称或者姓名,引人误认为是他人的商品"时,明确表示,该条文中的"企业名称"这一构成要件是通过最高人民法院《关于审理不正当竞争民事案件应用法律若干问题的解释》第六条第一款:"企业登记主管机关依法登记注册的企业名称,以及在中国境内进行商业使用的外国(地区)企业名称,应当认定为《反不正当竞争法》第五条第(三)项规定的'企业名称'。"那么回归本案,工商金山分局认为罗芙仙妮公司以"法国欧莱雅公司"的名义宣传其化妆品,在其产品上标注该企业名称的行为是属于"使用他人的企业名称"。本案中的第三者巴黎欧莱雅公司是在法国注册,并在中国境内设立分公司销售化妆品,其化妆品使用"巴黎欧莱雅"等商标,很明显符合条文中所规定的"中国境内进行商业使用的外国(地区)企业名称"这一要求,那么,这就属于《反不正当竞争法》第五条第(三)项所规定的"企业名称"。

接着,分析本案的焦点,罗芙仙妮公司是否擅自使用了他人的企业名称。第一种观点认为罗芙仙妮公司使用"法国欧莱雅公司"的企业名称,不但含有第三者企业名称中字号的核心文字,又有第三者投资人所属国名,作为普通消费者,显然难以将原告与法国欧莱雅公司同巴黎欧莱雅公司加以区分。但是,该区法院对于擅自使用他人企业名称中的"企业名称"这一构成要件是通过最高人民法院《关于审理不正当竞争民事案件应用法律若干问题的解释》第六条第一款来限定的,而该条文中的规定没有包含"有第三人企业名称中字号的核心文字,又有第三人投资人所属国名"或者类似的具体规定,所以说,罗芙仙妮公司依据法国欧莱雅公司的授权做出的在其化妆品的容器、说明书、外包装等印"法国欧莱雅公司"的字样不属于最高人民法院该文件中对于"企业名称"的范围的规定。那么再看《反不正当竞争法》第五条第(三)项"擅自使用他人的企业名称或者姓名，引人误认为是他人的商品"这一条中的规定，"他人的企业名称"更是无从谈起。罗芙仙妮公司的行为完全不符合该条文的要求，只有在罗芙仙妮公司使用了"巴黎欧莱雅"等商标时，该条文才能适用，才能达成引人误解。不光如此，法条中规定得很清楚，"擅自使用"与"引人误解"为前后关系，只有首先满足了"擅自使用"才能确定"引人误解"。但第一种观点中，为了实现其目的，反过来倒推，认定只要造成了"引人误解"那么就一定是"擅自使用"，将"擅自使用"与"引人误解"强行联系起来，造成一种只要使用知名品牌商标引人误解的，就构成了擅自使用的观点，这是不对的。

其次，本案中笔者不否认罗芙仙妮公司通过企业间的授权，表面上似乎是使用香港"法国欧莱雅公司"的企业名称，但其本质，是通过使用"法国欧莱雅公司"的企业名称，间接达到使用第三者巴黎欧莱雅公司企业名称的目的，但是在第一种观点所使用的条文之中，明显是为了将案件内容适用于法条而进行偷换概念，将因果顺序颠倒，强行使用。所以对于《反不正当竞争法》第五条第（三）项中的相关规定，罗芙仙妮公司首先不满足前提"擅自使用他人的企业名称或者姓名"，从而对于"引人误认为是他人的商品"这一结果自然不成立。虽然第一种观点中认为"突出使用其他知名企业名称中的字号，使消费者对当事人生产的产品产生联想，和知名品牌产品混淆，从而误导消费者选购"中的"误导消费者选购"是造成"擅自使用他人企业名称"的前提原因并不是没有道理，但是，在正式出台相关的法律法规之前，是不可以直接作为判定依据的。

最后，不可否认处罚罗芙仙妮公司是合理的 但合理的并不就是合法。通过本案以小见大，其实可以发现类似的侵犯知识产权的案件确实不在少数，市场上大量涌现的山寨产品，例如仅使用知名品牌的字号，或者在商标不起眼处改动少许，利用消费者不易注意到的地方谋取私利损害知名品牌和消费者两方的利益。而与之相对的是，我国在该类案件中并未对这些行为做出一个明确规定，若都是像本案中第一种观点，通过曲解法律的方式来达到审判的目的，那无疑是非常不合理的。立法者可以通过修改法律，例如将《关于审理不正当竞争民事案件应用法律若干问题的解释》第六条第一款："企业登记主管机关依法登记注册的企业名称，以及在中国境内进行商业使用的外国（地区）企业名称，应当认定为《反不正当竞争法》第五条第（三）项规定的'企业名称'。"中添加"擅自使用知名企业名称中的字号或使用外观过于相近的名称"等类似表述来弥补我国现行法律在该类知识产权保护中的不足之处。那么法院在判决时就可以更加明确地遵循相关法律法规，在保护企业知识产权的同时不会再出现因为法律的不合理之处导致审判行为与法律要求相悖的情况出现，毕竟所谓法治，首先就要求我们尊重规则。

◎ 自我风采

我是浙江财经大学法学院 14 级非诉实验班的李恒昊，虽平凡却不甘于平凡的一个人。

有幸进入非诉这个大神聚集的班里，还是挺不容易的啊，感觉好像没什么拿得出手的。大学至今，也算是当过干部拿过奖，成绩还行不算差，既不出挑也不吊车尾。同学有困难了那肯定义不容辞，同学有乐子了，也要凑上前去一起笑两声，似乎也没什么特别之处。但是终究作为一个法律人，还是有那么一丝不平凡的信仰的，希望以自己所学所得，为社会做贡献。

◎ 法路思语

法律的真理知识，来自法律人的教养。

论宪法教学中的民族观念[①]

2014 级非诉法律实验班　唐　勇　林芳臣[②]

摘　要：世界各国宪法文本对民族事务的规定，以及我国当前所面临的民族问题，共同决定了宪法教学不能忽视民族观念。宪法民族观在主体上包括主权民族和自治权民族两个层次，在内容上涉及民族认同观、民族平等观和民族权利观三个维度。民族观念的确立和培养应当贯穿宪法教学的全过程，从宪法基本法则、公民基本权利、国家形式、国家机构等方面开展宪法民族观教学。

关键词：宪法民族观；宪法教学；少数民族

宪法是国家的根本大法，宪法教学在法科人才培养活动中的地位不言而喻。十八届四中全会提出了"创新法治人才培养机制"的要求，"推动中国特色社会主义法治理论进教材进课堂进头脑，培养造就熟悉和坚持中国特色社会主义法治体系的法治人才及后备力量。"[1]据此，我国的宪法教学应当树立和培养具有中国特色的宪法观念，将宪法学的一般原理与中国的实践相结合，建立起能够解释中国现象、回答中国问题的宪法认知体系。除了传统教学活动中普遍涉及的宪法人权观、宪法经济观、宪法政党观等观念之外，多民族国家的宪法教学不能忽视民族观念。

1. 为什么宪法教学不能忽视民族观念

"民族是人的结合，是在一个特定的地域居住、形成共同社会生活、共同法律制度、共同利害关系和共同心理素质的人的结合的人类共同体。"[2]无论是否主动意识到，民族作为人类共同体生存的基本方式，是公民从事国家生活不能

---

①　基金项目：国家社科基金："多民族国家"解决民族问题的宪法回应机制研究（项目编号：15BMZ001）；浙江财经大学教学研究课题：宪法课堂"元学习"能力培养模式研究（项目编号：JK201512）；浙江财经大学非诉实验班科研专项经费。

②　唐勇（1982— ），浙江绍兴人，浙江财经大学讲师、博士。主要研究方向：宪法学；林芳臣（1996— ），山东烟台人，浙江财经大学法学院非诉实验班学生。

回避的一项身份特征；而宪法作为规范一个国家内部人类共同体有序生活的总章程，势必要对民族问题做出安排。世界各国宪法文本对民族事务的规定，以及我国当前所面临的民族问题，共同决定了宪法教学不能忽视民族观念。

从文本上看，世界上绝大多数国家都在宪法中规定了有关民族的内容。例如，《俄罗斯联邦宪法》开篇就宣告："我们，在自己土地上由共同命运联合起来的多民族的俄罗斯联邦人民……根据公认的民族平等和民族自决原则……通过俄罗斯联邦宪法。"这就将"多民族的俄罗斯联邦人民"置于制宪权主体的至高地位。《玻利维亚共和国宪法》的序言宣告"建立一个由多民族社群组成的集体主义国家"，而"玻利维亚民族由所有的玻利维亚女性和男性、少数民族和土著民族、跨文化的和非洲裔的玻利维亚人共同组成"（第 3 条）。2009 年 3 月 26 日，总统莫拉莱斯签署最高法令宣布将国名"玻利维亚共和国"改为"多民族玻利维亚国"。即使是单一民族国家也在宪法文本中清楚地强调民族的地位。《大韩民国宪法》在总纲中规定"国家要致力于传统文化的继承、发展和民族文化的繁荣"（第 9 条），而"繁荣民族文化"与国家统一、国民自由一道成为总统誓词的组成部分（第 69 条）。《朝鲜民主主义人民共和国宪法》序言宣告："金日成同志和金正日同志把共和国建设成为祖国统一的坚强堡垒，提出了统一祖国的根本原则和途径，将统一祖国的运动发展成为全民族运动，开辟了用全民族团结的力量完成祖国统一大业的道路。"我国《宪法》不仅在序言中确立了中国各族人民奋斗的历史事实，更通过总纲的第四条确立民族平等、民族团结、民族区域自治、民族文化传承等一系列宪法命题。由此可见，宪法对民族事务的规范文本，决定了宪法教学不能忽视宪法的民族观念。

从实践上看，我国的宪法实施同样不能绕过民族事务。费孝通先生将中国民族关系的历史与现实概括为"多元一体"的格局，即中国各民族共同融入中华民族这个统一体之中，而在中华民族这个统一体内部又普遍存在民族之间的多元差异。多元一体的格局中，56 个民族是基层，中华民族是高层。[3]坚持依宪治国，建设社会主义法治国家不能忽略这个基本国情。例如，在主权问题上，宪法不能回避两岸关系问题，而中华民族成为维护一个中国框架共识的基础。"近 60 多年来，两岸虽然尚未统一，但我们同属一个国家、同属一个民族从来没有改变，也不可能改变。"[4]在人权问题上，少数民族权利作为一项特殊主体的人权为宪法保障的内容之一。《国家人权行动计划》（2012—2015 年）将"进一步保障少数民族享有经济、政治、社会、文化等方面的平等权益"作为一项实施内容。[5]与此同时，我国面临"疆独""藏独""台独"的严峻挑战，甚至还出现了"港独"的闹剧。伴随着这种独立的图谋，我国的国家安全与统一面临十分复杂与严峻的局面。2008 年拉萨发生了"3.14 打砸抢烧暴力事件"，2009 年乌鲁木齐发生了"7.5 打砸抢烧暴力事件"。在国际恐怖活动呈反弹之势的背景下，2013 年以来，中国境内恐怖活动再次呈高发状态，发生了"4.23 新疆巴楚县严重暴力恐怖犯罪事件""6.26 新疆鄯善县鲁克沁镇暴力恐怖袭击事件""7.18 新疆和田严重暴力恐怖事件""10.28 天安门金水桥恐怖袭击事件""12.15 新疆喀什疏附县暴力恐怖袭击事件""12.30 新疆莎车县公安局暴力恐怖袭击事件"。2014 年发生了由新疆分裂势力组织策划的"3.11 昆明火车站砍杀事件""11.28 新疆莎车县美食街恐怖袭击事件"。这些暴力恐怖事件以及独立图谋都有着深刻的民族因素，而这些问题不能仅靠刑法、行政法等单一部门法做出回应，更应该在宪法层面有宏观思考和顶层设计。宪法教学应当正视当下的民族问题，确立正确的宪法民族观来解释和分析民族问题。

2. 宪法教学要确立什么样的民族观念

宪法教学应当建立一种二元主体、三维内容的民族观念。所谓"二元主体"，即"多元一体"格局在宪法理论中的展开，具体包括主权民族和自治权民族两个层次的主体；"三维内容"是指宪法民族观在内容上包括民族认同观、民族平等观和民族权利观三个维度。

民族在人类学家眼里，"它是一种想象的政治共同体——并且它是被想象为本质上有限的，同时也享有主权的共同体。"[6]享有主权的民族就是主权民族。但需要说明的是，自威斯特法利亚体系以来，西方世界秉持"一个民族、一个国家"的理论，造就了近代以来的民族——国家的格局，例如，英国经过 1688 光荣革命确立起整个英吉利民族对享有国家主权的正当性，形成了英国民族国家；法国经过 1789 年法国大革命构建起"法兰西民族"，形成了法兰西民族国家；俾斯麦经过 1870－1871 年的普法战争统一了德国，形成了德意志民族国家。[7]这种古典的宪法民族观在解释多民族国家的主权问题时需要予以修正。事实上不存在单一民族构建的国家，更为常见的形态是多民族共同构建一个主权国家，例如，《美利坚合众国宪法》序言所称的"我们美利坚合众国人民"显然包含了 63.6％的白人、16.3％的拉美裔、12.6％的非洲裔、4.8％的亚裔以及其他族裔人口，据此，各族裔组建的美利坚民族才是承载整个国家的主权民族。我国作为统一的多民族国家，无论在历史上还是现实中，都已经确立了"中华民族"这个范畴，并且与"中国各族人民"等值，那么，《宪法》第 2 条关于"中华人民共和国的一切权力属于人民"的确认，就可以通过"中国各族人民"转化为"一切权力属于中华民族"的表述，即中华民族享有中国主权。宪法教学应当明确中华民族是我国的主权民族。

相对于主权民族，自治权民族是享有自治权的民族，它实际上是主权国家内部的族群。我国包括汉族在内的 56 个法定民族都属于族群。从理论上讲，基于平等的法理，所有民族都享有自治权；但是，民族自治权的行使前提是族群成员生活在同一地域，形成一个地理乃至行政区划上的自治单位。然而，我国的历史和现实常态是民族（族群）杂居，没有一个民族能够将其成员锁定在世居土地上。在具体的制度安排上，我国将民族自治与地方自治相结合，建立起民族区域自治的法律框架。

宪法民族观在内容涵盖三个维度。

（1）民族认同观。民族认同是连接公民自我认同与国家认同的纽带，系确认"同宗同源"共识性印象的载体。在民族——国家的格局中，民族认同往往融入国家认同，表现为对国家传统与精神的捍卫和保护。但是，在多民族国家内部，民族认同应当区分为主权民族认同和自治权民族认同两个层次，前者在宪法上体现为人民主权与主权民族自决权的统一，成为国家合法性的基础；后者在宪法上表现为对少数民族主体性的尊重和特殊性的保护。[8]在宪法教学中明确中华民族的宪法地位，是正确理解《民族区域自治法》和《反分裂国家法》等一系列宪法性法律文件的前提。

（2）民族平等观。宪法序言宣告："平等、团结、互助、和谐的社会主义民族关系已经确立，并将继续加强。在维护民族团结的斗争中，要反对大民族主义，主要是大汉族主义，也要反对地方民族主义。"民族平等的理论基础在于两个方面，其一，民族是一个集体概念，系由属于该民族的公民组成，既然公民在法律上具有不证自明的平等性，《公民权利和政治权利国际公约》指出："对人类家庭所有成员的固有尊严及其平等的和不移的权利的承认，乃是世界自由、正义与和平的基础。"那么，以民族为标签的歧视就是不当的；其二，相对于经济增长速度之快慢、政治发展程度之高低，语言、文字及其承载的文化艺术则无高下之别。正如不能区分汉语英语孰优孰劣，同样应当赋予各民族语言文字的平等地位。民族的识别建立在族群文化的差异性之上，文化层面的非歧视性就决定了民族之间的非歧视。

（3）民族权利观。少数民族权利的保障是国际人权法实践的新主题，《联合国关于在民族或族裔、宗教和语言上属于少数群体的人的权利宣言》认识到"促进和保护在民族或族裔、宗教和语言上属于少数群体的人的权利有助于他们居住国的政治和社会稳定"，"满足不同的民族、族裔、宗教和语言群体的愿望并确保属于少数群体的人的权利，是对所有个人的尊严和平等权的尊重，推进了参与性发展，从而有助于减缓不同群体和个人间的紧张局面。这些因素是稳定与和平的一个主要决定因素。"在主权国家之内，民族权利观还是宪法人权观的一个有机组成部分。在"国家尊重和保障人权"的总体框架下，少数民族因其人口基数上的少数容易在多数表决的民主机制中处于劣势,因此,《宪法》以最高层级规范的方式预设少数民族的基本权利,从而弥补民主机制的局限性。

3. 宪法教学应当如何确立民族观念

宪法民族观的确立和培养应当贯穿宪法教学的全过程,将民族话语带入宪法课堂,使学生在识记、理解和运用宪法的思维活动中意识到"多民族国家"这个基本国情,掌握基于多民族国家特征的宪法原理。

第一,在宪法基本原则的授课中确立主权民族的学理概念。无论是高等教育出版社的"面向 21 世纪课程教材"[9],还是中国人民大学出版社的"21 世纪法学系列教材"[10],宪法基本原则都作为宪法基本理论的一个重要内容加以讨论。其中,人民主权原则是宪法的第一项基本原则,从《宪法》序言的表述来看,中国共产党领导中国各族人民经历武装斗争和其他形式的斗争,取得革命胜利建立中华人民共和国,人民成为国家的主人,体现了我国宪法的人民主权原则。由此可知,掌握主权的主体是中国各族人民,即中华民族。向学生阐明这个逻辑,就能够确立主权民族范畴,"疆独""藏独"抑或"台独"的图谋因其不具备主权民族的属性而不攻自破,《反分裂国家法》的法理基础就在于此。

第二,在公民基本权利和义务的授课中确立少数民族权利体系。宪法最核心的作用在于保障公民权利,除了基本人权原则这一抽象的提炼之外,公民基本权利和义务专题是宪法教学的重要内容,其中就包括对少数民族权利的讨论。平等权或法律面前一律平等是基石性的权利,而谈及平等势必涉及主体的界别,例如,在性别界别下,男女平等;在工种界别下,职业平等。民族平等就建立在族裔界别的基础之上,并且与民族认同融为一体。如果不认同本民族,就不会把自己归入某一民族,不分民族的平等权自然无从谈起。在这个知识点上,民族平等与民族认同是不可分割的。当然,宪法教学要讲清楚两个层次的民族认同,即对本民族(族裔)的认同与对中华民族的认同。此外,少数民族公民除了一般公民所享有的权利之外,还享有基于民族特性而拥有的权利,《宪法》文本和教材都有涉及,本文不再具体展开。

第三,在国家形式和国家机构的授课中探讨民族区域自治制度。民族区域自治制度是我国《宪法》独创的一种制度安排,该制度将民族自治与地方自治结合起来,赋予少数民族聚居区以自治权。讲解民族区域自治制度应当置于政党政治与法律规定两个层次来具体展开。在政党政治的语境中,《中国共产党章程》指出"中国共产党是中国工人阶级的先锋队,同时是中国人民和中华民族的先锋队"。这就是说,民族共同体必须在政治上接受中国共产党的领导,各级民族自治地方均设有中国共产党的组织;在法律规定的语境中,《宪法》和《民族区域自治法》为民族地方自治的权限做出安排。讲明白这两个层次,就能够将民族区域自治与特别行政区区分开来。同时也应该认识到民族区域自治仍有发展和完善的空间,例如,少数民族自治区的党委书记绝大多数是非少数民族或者说是汉族人士担任,五大自治区均未出台其自治条例。

参考文献

[1]中共中央关于全面推进依法治国若干重大问题的决定[N].人民日报,2014-10-29(1).

[2]王建娥.族际政治与现代民族国家[M].北京:社会科学文献出版社,2004:2.

[3]费孝通.中华民族多元一体格局[M].北京:中国民族大学出版社,2003:序13.

[4]习近平.共圆中华民族伟大复兴的中国梦[N].人民日报,2014-2-19(2).

[5]中华人民共和国国务院新闻办公室.国家人权行动计划(2012-2015年)[N].人民日报,2012-6-12(14).

[6]本尼迪克特·安德森.想象的共同体:民族主义的起源与散布[M].吴叡人,译.上海:上海人民出版社,2011:6.

[7]李占荣.宪法的民族观——兼论"中华民族"入宪[J].浙江大学学报(人文社会科学版),2009(3):34-45.

[8]李占荣,唐勇.民族认同的宪法表述[J].民族论坛,2014(11):5-9.

[9]周叶中.宪法[M].北京:高等教育出版社,2011:90-106.

[10]许崇德.宪法[M].北京:中国人民大学出版社,2009:23-25.

◎ **自我风采**

曾任 14 级法学实验班班长、法学院团委学生会办公室副主任等,曾获校优秀学生一等奖学金、校优秀学生二等奖学金等,已通过英语四六级考试和雅思考试等,参与多项课题研究,已发表学术论文三篇,其中一篇曾获浙江省法学会法学教育研究会 2015 年年会论文三等奖。

大一入学至今,积极参加学院及学校各类活动。参加院级比赛及获得奖项有:时事评论大赛一等奖、策划大赛二等奖、控辩大赛优秀奖。参加校级比赛有:时事评论大赛、体育舞蹈大赛、"五四"舞蹈大赛等。

分别在校级学生组织——浙江财经大学学生社团联合会、院级学生组织——法学院团委学生会担任职务。大二学年担任 14 级非诉法律实验班班长。参与组织院十佳歌手大赛、十佳主持人大赛、就业峰会、迎新晚会、毕业生典礼等多项院级大型活动,参与组织社团巡礼月等校级大型活动,带领班级在 2014—2015 年度获得优秀班级称号。

利用假期时间进行了实习和专业知识的补充学习。暑假进入浙江浙联律师事务所进行实习,实习期间,在律师的帮助下,对实务中的问题如承揽合同纠纷等进行了学习,通过参与招投标、法院旁听等对所学内容有了更深入的认识,认识到平时学习与实践所用之间的差距。

获奖情况：

浙江省法学会法学教育研究会 2015 年科研成果三等奖

2014—2015 学年"三好学生"

2014—2015 学年"优秀学生二等奖学金"

2014—2015 学年"优秀学生干部"

2015—2016 学年"优秀学生一等奖学金"

2015—2016 学年"优秀学生干部"

◎ 法路思语

聚光灯太少，照不到的地方却很多。大学的这方舞台，给予了我们每个人最多的可能性。虽然不能做到脚踏的每一步都是舞台，但是要时刻提醒自己惕厉自省，学会慎独。

从开始的阴差阳错到后来的喜爱渐深，在法学的学习中我懂得掌握最起码的思辨能力，不盲动不盲从，懂得追求良知、理性并且容忍多元。在大学的宝贵时间里，希望自己一直有坚定的想法和豁出去坚持到底的决心，在自己选择的道路上越走越坚定。

论中标通知书的法律性质及相关法律效力

2014 级非诉法律实验班　林　柯

　　摘　要：在商业实践中，招投标项目的完成多以招投标合同的成立为要件，而招投标合同的成立又基本以中标通知书为标志。但在司法实践中，因中标通知书的法律性质及其效力模糊而引起的民事纠纷不胜枚举，给经济活动造成了许多不必要的损失。因此，对中标通知书的法律性质及法律效力进行剖析，具有十分重要的现实意义。

　　关键词：中标通知；要约邀请；要约；法律效力

　　听薛老师讲了一学期的项目管理课程，招标报价一课引起了我强烈的兴趣。作为一名法学院的学生，我将从法律层面对招投标环节中中标通知书发出后招投标合同的法律状态进行浅析和探讨。

1. 中标通知书的性质

　　目前在实践中，关于中标通知书的法律性质主要有两种意见：一种认为它是要约；另一种认为它是要约邀请。尽管两者表面上看起来很相似，但这两种对中标通知书性质的不同解读，带来的却是合同订立操作过程和结果上的巨大差异。

　　言及中标通知书的性质，就不能不谈债权法上的要约与承诺。债权法中规定：当事人订立合同，采取要约、承诺方式。对要约做出承诺，合同即宣告成立。

　　第一，要约。《合同法》第十四条规定：要约是希望他人与自己订立合同的意思表示。并且这种意思表示应当符合"内容具体明确"和"经受要约人承诺，要约人即受该意思表示约束"这两个条件。所谓"具体明确"，是指要约的内容必须具有足以使合同成立的主要条件，换句话说，一份文件要想成为有效的要约，就必须要有未来合同的主要条款，如价格、名称、数量等。

　　第二，要约邀请。《合同法》第十五条规定：要约邀请是希望他人向自己发出要约的意思表示。用直白的话来讲，要约邀请只是唤起别人向自己做出要约表示或使自己能向别人发出要约的一种形式,比如很多电视上的广告就属于要约邀请。

2. 不同性质带来的法律效力的区别

首先,要约一旦发出,无论对要约人还是被要约人都会产生法律效力。被要约人一旦承认了要约(即承诺),合同就成立;被要约人不承诺,合同也就不能成立;被要约人对要约中的主要条款提出更改的,称为反要约,此时,原先的要约人转变为承诺人,行使上述承诺权。

再看要约邀请,要约邀请笼统地宣传自己的业务能力、产品质量、服务态度,它的发出并不会对接收者产生约束力,因此也就没有赋予对方承诺权。

3. 中标通知书与要约、要约邀请

"中标通知书是在经过了一系列的招标、投标、评标及定标过程,招标人在确定排名第一的中标候选人为中标人后向中标人发出的通知其中标的书面文件。招标投标实质上是合同成立的过程,因为招标投标的所有活动实质上是一个为订立合同做准备直至合同订立完成的过程。由于要约和承诺是合同成立的必经的两个阶段,那么招标投标必然要具备要约和承诺两大要素。"在此引用一则案例如下:

案件事实简单整理:3月3日,B农工商公司招标,3月10日A建筑公司中标。3月11日,B农工商电话通知A项目停建。3月12日,B拒收A的保证金。同日,A又与他人签订合同并交纳定金和保证金。3月13日,A建筑公司收到农工商公司综合楼工程中标通知书。3月16日,A进入工地施工,发生费用900元。

在这个案例中,A建筑公司收到的中标通知书是否意味着合同的确立?由于投标人对招标文件所提出的实质性要求和条件做出响应,并按招标文件要求提交投标文件,我国理论界一般都认为,招标行为属于要约邀请,投标行为为要约,中标通知书为承诺。但这种看法存在着一些不足之处。

首先,上文讲过要约带有对双方当事人的约束,是要约还是要约邀请应当根据行为人的意思表述来推断和认定。例如,行为人表示自己将会与符合招标要求且得分最高的人签订合同,那么这就是要约;反之,行为人只是给了评分标准而未说明自己的选择标准,那就构不成要约,而是要约邀请。此时,投标视为要约,中标通知书则是承诺。

其次,若招标时就有了构成要约的要件,那么中标通知书就不再是承诺而是确认承诺的一种书面法律文件,此时中标通知书仅仅是一种形式,没有法律上的效力。

4. 法律责任与后果

中标通知书性质的不同必然带来法律责任和承担法律后果上的差异。一般情况下,我们视中标通知书为承诺,那么假如中标通知书发出后,招标人改变中标结果的,应当承担什么责任?《合同法》第三十六条规定:"法律、行政法规或者当事人约定采用书面形式订立合同的,当事人未采用书面形式但一方已经履行主要义务,对方接受的,该合同成立。""根据此条的规定,中标通知书发出后,如果双方对合同的主要内容已经开始实际履行,或一方履行另一方也实际接受的,则视为合同成立。此时放弃项目的一方当事人,则应承担违约责任。根据《合同法》一百零七条的规定,放弃中标项目的当事人应当承担继续履行、采取补救措施或者赔偿损失等违约责任。"但假若中标通知书仅仅是要约,此时又应该承担什么责任?"缔约过失责任是指合同不成立、无效、被撤销或不被承认时,过错方当事人对另一方当事人遭受的损失应承担的赔偿责任。缔约过失责任的赔偿范围大多为信赖利益的损失。中标通知书发出后,一方当事人放弃中标项目的,是在缔约过程中,违反的是先合同义务,根据《合同法》第四十二条的规定,应承担缔约过失责任,赔偿对方的损失。包括直接损失和间接损失。直接损失应适用最高人民法院《关于适用〈中华人民共和国合同法〉若干问题的解释(二)》第八条规定的'由此产生的费用和给相对人造成的实际损失',间接损失为丧失与第三人另订合同的机会所产生的损失。"

5. 结 论

综上所述,对中标通知书性质的确认具有十分重要的理论和实际意义。合理合法地确认中标通知书在不同情况下的性质,一方面有利于双方、多方当事人对招投标程序和法律后果的预见,有助于他们安排生产活动,实现商业上的双赢;另一方面也有利于促进社会主义市场经济的有序、快速发展,规范招投标的行为,避免出现过多纠纷扰乱经济秩序。

◉ **自我风采**

我是2014级非诉法律实验班的林柯,现任学习委员一职。进入大学学习法律,来到了法的门前。

奖项:

一等奖学金,二等奖学金,浙江省政府奖学金

三好学生

浙江省模拟法庭大赛三等奖

◉ **法路思语**

正如弗兰茨·卡夫卡在《审判》中描述的那样,法律有自身的体系和矛盾,在法的门前这个有纵深的场景里,法律的张力、活力和生命力显得格外突出。希望自己能通过脚踏实地的努力,同时心存对法律的敬仰,有幸叩开法律的大门,一窥其中奥秘。

新三板法律实务浅析

2014 级非诉法律实验班　刘　傲

摘　要:企业离不开融资,新三板又为企业融资搭建了很好的融资平台。企业要想顺利完成新三板挂牌项目离不开企业本身与金融服务单位券商、律师事务所、会计师事务所的合作。改制企业挂牌新三班会是未来企业融资发展的一大趋势,顺应发展趋势,也是律师工作发展和完善的方面。因此该文将通过详细阐述新三板并分析其业务流程、业务领域及业务内容,对法律人从事新三板业务提供借鉴和参考

关键词:新三板;股权融资;律师实务

1. 新三板背景及介绍

1.1 新三板定义

全国中小企业股份转让系统(以下简称"全国股份转让系统")是经国务院批准设立的第一家公司制证券交易场所,也是继上海证券交易所、深圳证券交易所之后第三家全国性证券交易场所。全国股份转让系统定位于非上市股份公司股票公开转让和发行融资的市场平台,为公司提供股票交易、发行融资、并购重组等相关服务,为市场参与人提供信息、技术和培训服务。新三板是"全国中小企业股份转让系统"的简称。新三板是为小规模,成长迅速,财务数据未达到上市标准,公司治理结构和运作尚不规范但有巨大发展潜力拟进入资本市场的公司开放的融资平台。

全国股份转让系统与证券交易所的主要区别在于,一是服务对象不同。《国务院关于全国中小企业股份转让系统有关问题的决定》明确了全国股份转让系统的定位主要是为创新型、创业型、成长型中小微企业发展服务。这类企业普遍规模较小,尚未形成稳定的盈利模式。在准入条件上,不设财务门槛,申请挂牌的公司可以尚未盈利,只要股权结构清晰、经营合法规范、公司治理健全、业务明确并履行信息披露义务的股份公司均可以经主办券商推荐申请在全

国股份转让系统挂牌;二是投资者群体不同。我国交易所市场的投资者结构以中小投资者为主,而全国股份转让系统实行了较为严格的投资者适当性制度,未来的发展方向将是一个以机构投资者为主的市场,这类投资者普遍具有较强的风险识别与承受能力;三是全国股份转让系统是中小微企业与产业资本的服务媒介,主要是为企业发展、资本投入与退出服务,不是以交易为主要目的。

1.2 新三板的发展历程

三板市场起源于2001年"股权代办转让系统",最早承接两网公司和退市公司,称为"旧三板"。

2006年,中关村科技园区非上市股份公司进入代办转让系统进行股份报价转让,称为"新三板"。

随着新三板市场的逐步完善,我国将逐步形成由主板、创业板、场外柜台交易网络和产权市场在内的多层次资本市场体系。新三板与旧三板最大的不同是配对成交,设置30%幅度,超过此幅度要公开买卖双方信息。

2012年8月3日经国务院批准股份报价转让试点。从中关村扩大到上海、天津和武汉高新园区。

2012年9月20日,全国中小企业股份转让系统有限责任公司正式成立。

2013年12月14日,国务院发布了《关于全国中小企业转让系统有关问题的决定》,这标志着多层次资本市场的建设取得了实质性的进展。《关于全国中小企业转让系统有关问题的决定》对全国股份转让系统的定位、市场体系的建设、行政许可制度建设、投资者管理等六个方面进行了细致的规划,并将全国股份转让系统定位为经国务院批准依据证券法设立的全国性证券交易场所,主要为创新型、创业型、成长型的中小微企业发展服务。

2013年12月14日起,新三板不仅仅局限于中关村、上海、天津、武汉等地的高新园区,正式扩容至全国。

2014年,是扩容后新三板市场千帆竞发、百舸争流的一年,诸多政策将在这一年逐步落实,中小微企业的发展由此拥有了更为广阔的舞台。2014年的首要内容就是与市场创新相配套的制度跟进,重点在于配套落实融资工具创新、市场体系创新、转板机制建设以及做市商上线的制度供给。3月,《优先股试点管理办法》发布;5月,协议转让交易系统上线;7月,公布并购重组相关法规;8月25日,做市商制度正式开启,43家做市企业和42家券商首尝做市转让方式。

2015年,股转公司出台新三板中小企业私募债发行制度、优先股等细则,新三板迎来了更为广阔的舞台。同时,债券产品的创新、并购重组等相关业务规则都将逐步落实,分层管理、转板机制也将正式出台。

1.3 新三板的功能及企业挂牌优势

全国股份转让系统致力于为中小微企业提供资本市场服务,企业挂牌可以得到以下服务及优势:

(1)规范治理。

规范的公司治理是中小企业获取金融服务的基础前提,也是实现可持续发展、确保基业常青的根本保障。主办券商、律师事务所、会计师事务所等专业中介机构将帮助公司建立起以"三会"为基础的现代企业法人治理结构,梳理规范业务流程和内部控制制度,大大提升企业经营决策的有效性和风险防控能力。挂牌后,主办券商还将对公司进行持续督导,保障公司持续性规范治理。

(2)股票转让。

挂牌公司的股票可以在全国股份转让系统公开转让,为公司股东、离职高管以及创投、风投和PE等机构提供退出渠道,同时也为看好公司发展的外部投资者提供进入的渠道。

(3)价值发现。

挂牌后,二级市场将充分挖掘公司股权价值,有效提升公司股权的估值水平,充分体现公司的成长性。实践中,企业挂牌后,创投公司和PE对公司的估值水平较挂牌前有明显提升。

(4)直接融资。

全国股份转让系统"小额、快速、按需"融资模式符合中小企业需求特征。挂牌公司可以实施股票发行融资,随着市场功能的逐渐完善和相关细则的出台,未来挂牌公司还可通过公司债券、优先股等多种工具进行融资。

(5)信用增进。

挂牌公司作为公众公司纳入证监会统一监管,履行了充分、及时、完整的信息披露义务,信用增进效应十分明显。在获取直接融资的同时,也可通过信用评级以及市场化定价进行股权抵押获取商业银行贷款。公司挂牌后,新老客户对公司的信赖度明显提升,在新市场开拓中对销售业绩的提升效应也比较明显。

1.4 新三板现状

2015年7月22日,新三板首超A股市场成为国内第一资本市场,这一刻,新三板挂牌数达到了2811家,新三板在企业数量急速扩张的同时,挂牌企业的质量也在大幅度提高。

截至2015年7月末,新三板市场总市值已达到13191.72亿元。新三板市值超过20亿元的公司已超过44家。2015年1—7月,新三板合计成交量135.44亿股、交易额1185.49亿元。

但目前新三板还没有一套成熟完整的估值体系,机构投资者对制度红利的预期及套利导致新三板在短期内的估值出现飙升。其次,流动性低于预期,转板制度亟待完善等问题也成为新三板发展必须要解决的重要问题。

2. 新三板律师实务

2.1 企业在新三板挂牌上市条件

企业在新三板挂牌上市条件有:

(1)依法设立且存续满两年。有限责任公司按原账面净资产值折股整体变更为股份有限公司的,存续时间从有限责任公司成立之日起计算;

(2)业务明确,具有持续经营能力;

(3)公司治理机制健全,合法规范经营;

(4)股权明晰,股票发行和转让行为合法合规;

(5)主办券商推荐并持续督导;

(6)全国股份转让系统公司要求的其他条件。

2.2 企业在新三板挂牌流程

拟挂牌企业要成功挂牌新三板必要的步骤如下:

(1)由企业律师或者律师事务所筛选确定推荐主办券商,签订合作协议;

(2)拟挂牌企业进行股份制改制,设立股份有限公司;

(3)有关金融服务机构会计师及律师进行尽职调查;

(4)推荐主办券商进行尽职调查;

(5)推荐主办券商内部审核;

(6)推荐主办券商完成推荐材料并向全国股份转让系统推荐挂牌;

(7)审核意见反馈及回复确认,开立账户、初始登记;

(8)挂牌。

2.3 新三板律师业务范畴

新三板律师业务范畴有:

(1)律师事务所在主办券商推荐挂牌中的作用;

(2)律师事务所在公司股份制改造过程中的作用;

(3)律师事务所在新三板试点企业审批过程中作用;

(4)律师事务所在企业挂牌阶段的作用。

2.4 新三板律师实务具体操作指引

2.4.1 律师事务所在主办券商推荐挂牌中的作用

律师事务所协助拟挂牌企业筛选合适的主办券商和副主办券商,并撮合各方在推荐挂牌服务内容及服务费用上达成一致。在拟挂牌企业与证券公司达成合作意向后,律师事务所负责草拟《推荐挂牌转让协议》,并向双方阐释协议内容,明确双方的权利义务。

2.4.2 律师事务所在公司股份制改造过程中的作用

企业要想在新三板成功挂牌,对于有限责任公司而言,必须先进行股份制改造才能在新三板挂牌转让。律师事务所在这一过程中的作用体现为起草相关法律文件,进行法律审核和出具法律意见书等。

律师协助企业进行股份制改造的流程如下。

(1)审查公司是否具有改制资格,并为企业量身设计股份改制方案,规避法律风险。在改制中,律师将会从以下三个方面为企业制定方案:

①帮助企业完善治理结构。往往民营企业与家族经营密不可分,产权界定不清,缺乏有效的监督机制。律师会帮助企业建立健全的公司管理治理结构,以及包括股东大会、董事会、监事会、独立董事、关联交易回避表决等制度。使之发挥最大经营绩效,产生最大利益,并且减少股东与经营者之间的利益冲突;

②健全财务制度,规范会计行为。不少企业在财务管理上比较混乱,账目不清,信息失真。为了股份改制后的可持续发展。律师会以改制为契机,规范公司财务制度;

③为企业在后期上市融资等问题做长远规划。在与企业管理层沟通后,律师会为企业制定包括发行上市在内的融资策略,认真进行投资的可行性研究,以适合企业的发展,避免上市后出现变更募集资金投向的情况。

(2)依照《公司法》《证券法》《主板管理办法》《创业板管理暂行办法》审查并确认股份企业的相关内容,如下:

①企业股份改制方案的合法性;

②发起人的主体资格条件;

③股份企业与其发起人的关联关系并协助设计关联关系的处置方案;

④土地使用情况(使用权出让合同)并协助规范土地使用权处置方案;

⑤重大合同及债权债务关系;

⑥注册商标等无形资产情况。

(3)依照《公司法》《证券法》《主板管理办法》《创业板管理暂行办法》协助股份企业起草的相关内容,如下:

①起草股份企业设立的发起人协议;

②股份企业章程草案及相关配套文件;

③与股份企业设立有关的关联交易协议;

④有关土地使用权租赁协议;

⑤有关无形财产专有权、使用权处置协议；

⑥与关联企业之生产经营性综合服务协议；

⑦与关联企业之生活服务性综合服务协议。

（4）出席股份企业创立大会。

律师将参与并出席公司创立大会，并审定大会的召开时间、地点、股东到会人数、股东所持公司股份占股本总额的比例等相关事项。确定大会通过董事会成员及监事会成员。以上内容会列入最终法律意见书中。

（5）协助企业向工商登记部门办理登记手续，领取企业法人营业执照。

（6）企业委托的其他事项。

2.4.3 律师事务所在新三板试点企业审批过程中作用

企业除了要进行股份制改革之外，挂牌新三板还需要取得试点资格。在申请试点资格中，律师事务所要审查公司是否具有挂牌资格，要协助拟挂牌企业准备相关资质文件，对股东名册进行有效性确认，起草《进入代办股份转让系统资格申请书》，递交申请文件，同时还要协助拟挂牌企业对需要提交但尚未依法取得的法律文件予以相应的申请。

2.4.4 律师事务所在企业挂牌阶段的作用

律师事务所可接受试点企业的委托，配合主办券商进行尽职调查，按照股份报价转让说明书要求，起草尽职调查报告，对公司财务、经营、治理等方面进行先期审查并提出修正意见，从而规避调查文件中的瑕疵和法律风险。

尽职调查报告具体包括以下几个方面。

（1）合法合规事项进行调查：

①公司设立及存续情况；

②公司最近两年是否存在重大违法违规行为；

③公司历次股权变动的合法合规性以及股本总额和股权结构是否发生变化；

④公司股份是否存在转让限制；

⑤公司主要财产的合法性，是否存在法律纠纷或潜在纠纷以及其他争议；

⑥公司的重大债权债务、重大合同；

⑦公司的纳税情况；

⑧公司环境保护和产品质量、技术标准是否符合相关要求；

⑨公司是否存在重大诉讼、仲裁及未决诉讼、仲裁情况。

（2）公司治理调查：

①全体董事诚信声明；

②公司运营基本情况；

③公司董事、监事、高级管理人员、核心技术人员及其持股情况；

④公司业务和技术情况；

⑤公司业务发展目标及其风险因素；

⑥公司治理情况；

⑦公司财务会计信息；

⑧关于公司进行股份报价转让问题的相关地方性法律规定。

2.5 新三板律师实务注意事项

2.5.1 历史沿革

(1)国有公司增资入股,未对被增资公司评估,就本次增资价格确定是否公允、合理、是否造成涉嫌国有资产流失、增值时未评估的原因进行评估法律风险。

(2)拟挂牌公司前身全民所有制企业的设立和演变,改制为有限责任制公司过程的合法合规性判断。

(3)国有股权转让是否已经履行必需的备案和批复程序及相关依据,批复主体是否符合相关依据,国有股权转让的合法合规性判断。

(4)控股股东变更为外商投资企业,关注该股东挂牌企业是否满足外商投资企业境内投资的相关规定。

(5)股权代持的清理及合法性的核查,公司股权是否明晰、是否存在潜在纠纷。

(6)历次股权转让价格及支付情况的核查,就历次股权转让的合法性及是否存在潜在法律纠纷进行判断。

(7)公司在增资协议中的地位和权责关系,以及就增资方与实际控制人签署的条款的合法合规性。

(8)非专利技术出资,是否为任期期间的职务成果、是否存在知识纠纷,是否对公司持续经营存在重大影响、是否存在侵犯他人知识产权;非专利技术是否达到出资时《评估报告》的预期收益,该出资是否真实。

(9)非专利技术出资减资后的权属,关注减资是否对公司正常经营产生影响,对减资事宜的合法合规进行核查。

(10)非货币出资是否办理了财产转让手续,是否进行了评估。

(11)人力资源等出资是否符合当时地方的规章制度,是否进行了减资或是货币置换。

(1)重大资产重组情况,包括但不限于资产重组的实施时间、重组方案、交易对手和决策程序,对资产重组的合法合规性和作价进行判断。

(13)整体变更时的净资产情况、折股比例、验资报告是否在创立大会召开之前等程序问题。

2.5.2 公司治理

（1）股权相对分散，例如30％、30％、40％，均不能或一人作为实际控制人的原因以及合法合规性判断，是否需要签订《一致行动协议》。

（2）股权高度集中，例如各持50％或夫妻、近亲属共同持股公司，核查是否需要签订《一致行动协议》，协议签订后对公司的经营、财务和人事决策的影响。

（3）章程必须符合《公司法》的规定，和《保护非上市公众公司监管指引第3号——章程必备条款》的内容。

（4）有些规定虽然约束创业板公司，但是新三板挂牌法律服务时要尽量参照，比如：监事不得为董事、高级管理人员的近亲属等，否则，需要对是否符合公司治理要求发表专项意见。

（5）注意国有股东实际控制人的认定问题。

（6）控股股东将股权转让给自然人（包括员工和非员工）的，核查该转让是否为股权激励，如实，披露股权激励的具体计划及方式。

（7）根据公司的相关议事规则，核查三会召开的情况以及相关会议文件的有效性。

2.5.3 主营业务

（1）根据《审计报告》，确定主营业务收入占营业收入的比例，至少50％、60％以上。

（2）核查公司是否具备与经营业务有关的全部许可资质文件等，公司是否达到许可的条件。

（3）公司技术是否存在外协、外包的情况，公司业务是否完整、是否对主要合作方存在重大依赖。

2.5.4 关联交易和同业竞争

（1）根据《审计报告》确定报告期内的关联交易情况，并逐一进行核查。

（2）公司与个人或其他法人资金拆借的原因、是否履行了必要的法律程序、是否约定利息。

（3）关联收购等的定价是否公允、履行的内部审批程序是否合规。

（4）关联交易定价的程序和公允性，核查是经常性关联交易还是偶发性关联交易，是否对公司的业务独立性产生影响，是否存在依赖关联方的情况。

（5）公司与控股股东发生大额资金往来的原因，核查是否占用公司资金等资源。

（6）就实际控制人控制的其他企业，判断是否与挂牌主体的业务相同或相似进行，如相同或近似，是否转让给了无关联的第三方或进行了注销。

（7）公司实际控制人与控股股东控制的企业从事的业务涉及同行业的。从收入构成、客户构成、业务定位等方面进一步说明实际控制人与控股股东控制的企业与公司是否构成同业竞争，公司实际控制人、控股股东采取避免未来构成同业竞争的措施是否充分、有效。

（8）核查公司董事、高管等关联方投资的其他企业与公司是否存在同业竞争，如存在，是否转让给了无关联的第三方或进行了注销、收购等的合法性措施。

2.5.5 主要资产

（1）土地是否有土地使用权证，是否进行了抵押，用途是否合法等。

（2）自有房屋是否有房产证。

（3）租赁房产的取得、使用及权属情况，是否存在因权属不清而导致的搬迁风险及应对措施；租赁房产的租金价格、定价依据及公允性、报告期各期租金金额、即将到期租赁合同的续签情况、与出租方是否存在关联关系。

（4）车辆是否年检，是否进行权利抵押。

（5）专利技术是否有效（核查专利局网站），避免因未缴年费等专利失效风险。

（6）商标是否有效（核查商标局网站），核查公示转让等情况与公司提供材料的一致性。

（7）根据《审计报告》核查主要生产经营设备是否进行质押，权属为所有权还是使用权例如融资租赁等，核查其合法合规性。

2.5.6 重大债权债务

（1）核查银行借款用途的合规性。

（2）关注报告期内（包括已履行完毕的合同）签订的重大业务合同金额、合同主体、合同条款以及确定重大业务合同的基本标准包括但不限于采购合同、销售合同、研发合同等。

（3）对于员工的大额借款，关注是否为形式为债权实为股权的情况。

2.5.7 独立性

（1）公司董事在外面兼职，在同行业担任高管职务是否违反《公司法》的规定。

（2）控制人控制的其他企业被吊销营业执照，是否存在任职资格限制。

（3）公司董事、监事、高管的任职资格是否违背《公务员法》《党政廉洁规定》等。

（4）就实行不定时工作制进行解释，是否符合劳动法及社保缴纳的管理规定。

（5）核实公司员工数及劳务派遣人数,劳务派遣是否符合三性的要求,是否为所有员工缴纳保险,劳务派遣是否符合《劳动合同法》的规定,公司与劳务派遣公司是否存在关联关系。

（6）就公司高管和员工约定在服务期内的股份出售限制性约定,就如何保证上述约定的有效性和可行性,违约责任的规定情况。

（7）公司股东从其他单位离职,就是否存在竞业禁止情况或其履行情况进行核查,是否存在有关上述事项的纠纷或潜在纠纷,是否存在侵犯原任职单位知识产权、商业秘密的纠纷或潜在纠纷。

（8）公司是否具备独立的经营场所。

（9）公司是否具备与经营相当的生产经营设备。

（10）公司的内部组织机构是否具备,是否有相关的管理办法或职责规定。

2.5.8　税收及其优惠

（1）中外合作企业转为内资时,公司在中外合作企业阶段是否享有相关的税收优惠。

（2）公司整体变更时,股东是否缴纳未分配利润转增股东的个人所得税,如未缴纳,股东承诺如被追缴时将由其个人承担有关责任。

（3）税收迁移问题（企业法人营业执照、实际办公地址、税务登记证是否一致）。

（4）核查双软企业、高新技术企业税收优惠的审核批准文件,结合申请材料核查重点条件是否符合等。

2.5.9　环保和质量

（1）制造业生产类公司及子公司是否根据《建设项目环境保护条例》的规定编制环境影响报告表,并报环境保护主管行政部门批复。

（2）核查产品质量技术标准,相关证书的有效期。

（3）公司业务是否取得环保批复。

2.5.10　重大违法违规以及诉讼和仲裁

（1）税收滞纳金、罚款等是否构成重大违法违规行为。

（2）是否有国税、地税、社保、环保、工商无违法违规的证明,银行资信证明等。

（3）公司涉诉标的重大债务风险,相关资质被诉的经营风险。

3.　总结与展望

3.1 总结

新三板是资本市场中最基础的部分,需要律师事务所在交易中发挥很大的积极作用,以金融服务单位的身份维护各方利益和权益,防范风险。监管部门能够对园区公司、券商、投资者的行为展开行之有效的监管依赖于律师事务所为园区公司、券商、投资者乃至监管部门提供谨慎诚实和勤勉尽职的工作服务。

3.2 展望

新三板的设立,有助于中国形成沪深主板、创业板和新三板(场外交易市场)等多层次资本市场发展的需要,可以预见,新三板就是我国中小企业发展壮大的宽广平台,是中国未来的纳斯达克市场。可以展望,越来越多的中小企业会选择在新三板挂牌,从事新三板实务的律师会有无限的发展前景。实务律师会伴随挂牌企业一同茁壮成长,共赢未来!

◎ **自我风采**

我是14级非诉法律实验班的刘傲,接触法律这座宏伟的殿堂已快满三年,慢慢地不知不觉总养成了法律人的逻辑思维和成熟冷静,这也是法律人最大的财富。虽是法律人,然而接触金融证券的年华却胜过与法条一起度过的时光。我一直坚信法律和金融是两者互相促进合二为一的,复合型的法律思维也许才是这个时代需要的。

自身长处:成熟冷静,大局观比较强,口才较好善于沟通,热爱探究热点金融法律最新时事,肯于吃苦,热爱团队合作,喜欢换位思考。

自身短板:学术功底较为薄弱,语言类工具掌握较少。

◎ 法路思语

现代社会是法治社会,需要法律人才辈出。现代社会也是金融社会,公司、证券、银行等每一个微粒都需要金融人才填补空白。所以对金融与法律均有涉猎的法律人才能适应未来社会的需要。也只有向着这个方向不断前进,每一天的生活才会更加充实有动力!

论双重股权结构

——以阿里巴巴合伙人制度为视角

2014 级非诉法律实验班　吕悦然

摘　要：阿里巴巴集团在美国上市引发了学界热议，议论焦点无出其右地指向了阿里巴巴独特的合伙人制度。在我国公司法奉行"同股同权"原则的大环境下，阿里合伙人制度通过组建管理层使小股东掌握了公司的控制权、把握了运营方向，然而也正是这一制度的实施使得阿里放弃在香港上市。香港联交所关于阿里合伙人制度的争论与反省恰恰揭露了我国上市公司在股权结构的构建上缺乏创新意识，市场信息反馈不及时等现象，严重制约着国内公司的发展。在发达国家对双重股权结构认可度越来越高的现状下，我国《公司法》应该做出紧跟国际趋势的突破性创新，给双重股权更宽容的发展空间，从法律上为公司股权结构的创新提供一个更为宽广的舞台。

关键词：阿里合伙人；同股同权；公司法；双重股权结构

1. 阿里合伙人制度

2014 年 9 月阿里巴巴集团（以下简称"阿里"）在纽约证券交易所（NYSE）挂牌上市之前，这一备受社会各界关注的互联网公司的消息就已经不断见诸报端了。无论是对阿里创始人马云传奇经历的赞扬，还是对阿里目前运营状况的评价，抑或是对阿里未来发展方向的揣测，都是人们茶余饭后的谈资，阿里上市的消息带动了社会各界的热议。可以说，有着更加轻松的市场监管环境和对公司更高市场估值的香港股票交易所是最适合、也是阿里最为青睐的上市地点。而据彭博社报道，2013 年 9 月阿里同港交所的 IPO 谈判破裂，倾向前往美国上市。① 而导致香港联交所拒绝为其挂牌上市的根本原因，是其认为马云坚持实行的"合伙人制度"（也称"湖畔合伙人制度"）或将违反香港企业上市法规，经过商讨，香港联交所无法为其破例。随着阿里上市地点从香港转战美国的完成，这一制度的具体内容也逐渐清晰。

---

① 《阿里梦碎香港，规则怎能被挑战》，2015 年 9 月 6 日，http://tech.ifeng.com/internet/special/alixianggang/。

　　阿里的合伙人制度是马云以一种类似"江湖思维"的思维方式所独创的制度,并不完全是一般意义上的双重股权结构,与法律上的合伙人制度也并不相同。我们通常理解的合伙人,是指在合伙企业中承担有限责任或无限责任的自然人或法人,而阿里的"湖畔合伙人制度",则是通过组建一个特殊的管理层,使得阿里的董事提名权和任命权掌握在合伙人手中,这样,阿里的小股东便可以掌握公司的控制权,防止控制权旁落。

　　根据阿里的招股书、公司章程及其他公开资料,阿里合伙人制度的主要规定如下:

　　首先,合伙人的资格要求:(1)合伙人必须在阿里服务满5年;(2)合伙人必须持有公司股份,且有限售要求;(3)由在任合伙人向合伙人委员会提名推荐,并由合伙人委员会审核同意其参加选举;(4)在一人一票的基础上,超过75%的合伙人投票同意其加入,合伙人的选举和罢免无须经过股东大会审议或通过。此外,成为合伙人还要符合两个弹性标准:对公司发展有积极贡献;高度认同公司文化,愿意为公司使命、愿景和价值观竭尽全力。

　　其次,合伙人的提名权和任命权:(1)合伙人拥有提名董事的权利;(2)合伙人提名的董事占董事会人数一半以上,因任何原因董事会成员中由合伙人提名或任命的董事不足半数时,合伙人有权任命额外的董事以确保其半数以上董事控制权;(3)如果股东不同意选举合伙人提名的董事的,合伙人可以任命新的临时董事,直至下一年度股东大会;(4)如果董事因任何原因离职,合伙人有权任命临时董事以填补空缺,直至下一年度股东大会。阿里合伙人的提名权和任命权可视作阿里创始人及管理层与大股东协商的结果,通过这一机制的设定,阿里合伙人拥有了超越其他股东的董事提名权和任免权,控制了董事人选,进而决定了公司的经营运作。

　　第三,合伙人的奖金分配权:阿里每年会向包括公司合伙人在内的公司管理层发放奖金,阿里在招股书中强调,该奖金属于税前列支事项。这意味着合伙人的奖金分配权将区别于股东分红权,股东分红是从税后利润中予以分配,而合伙人的奖金分配将作为管理费用处理。

　　第四,合伙人委员会的构成和职权:合伙人委员会共5名委员,负责:(1)审核新合伙人的提名并安排其选举事宜;(2)推荐并提名董事人选;(3)将薪酬委员会分配给合伙人的年度现金红利分配给非执行职务的合伙人。委员会委员实施差额选举,任期3年,可连选连任。合伙人委员会是阿里合伙人架构中最核心的部门,把握着合伙人的审核及选举事宜。

　　而面对社会上关于"能否保护投资人利益"的质疑声,持有阿里34.4%的股份的大股东日本软银和持有阿里22.6%的股份的美国雅虎均发表声明表示支持阿里合伙人制度。有人说,这才是真正的资本家,他们要的是钱,而不是控制权。①

2. 学界对阿里合伙人制度观点及评析

对于阿里的合伙人制度,学界可谓众说纷纭。总体来说,虽然有质疑声,但是仍然有很多学者表示支持。

2.1 肯定说

有学者认为阿里合伙人制度的出现标志着知本与资本的较量中知本的胜出,知本与资本的较量早就开始了,并且随着银行的出现、科技和资本市场的发展,资本在企业中的地位正在一步步被削弱。② 在一家公司里,大股东掌握资本,要的也是更高的收益,而股权被稀释的小股东掌握着技术,懂得如何带领公司向更高收益的方向迈进。若按照同股同权的原则,大股东应当拥有更大的表决权,以此来掌控董事会、决定董事人选,这也就意味着,几乎只有大股东才有权力决定一个公司的发展方向。而在现实中,情况总是复杂的,尤其在上市公司中,不仅大股东和小股东的利益互相冲突,甚至大股东和大股东、小股东和小股东的利益也有可能是冲突的。而且这些人获得信息的渠道不同,得到的市场信息、根据市场信息分析后得出的判断也会不同,我们虽然并不要求他们一定要和谐一致、共同行动,但是过多的矛盾和利益冲突只会拉低决策的效率。市场上时机非常重要,低效率的决策和工作对一家公司来讲无疑是致命的弱点。所以若拥有资本的人负责投资,拥有技术的人负责把握方向,按照这种理想模式互相配合的公司才会有所创新和繁荣。或许过于理想化的模式并不存在,但是这不应该是我们所努力靠近的方向吗?

香港联交所拒绝阿里上市的原因中有一项便是阿里合伙人制度"产权界定不清晰",而此处"不清晰"指的就是阿里合伙人制度导致了同股不同权现象的出现。但是有学者认为,阿里巴巴的双重股权结构对股东权利是不对等的,但却可保证管理团队的稳定性。③ 而稳定的管理团队带来的则是一套更为系统性的管理实施方案,这对于任何一家公司来讲都不是一种能够轻易被否决的管理模式。从我国《公司法》的规定来看,2013 年修订的《公司法》第四十二条针对有限责任公司的规定表明:"股东会会议由股东按照出资比例行使表决权;但是,公司章程另有规定的除外。"而第一百零三条针对股份有限公司的规定则

---

① 参见叶晓华:《股权与治权的较量》,《董事会》2014 年第 12 期,第 100 页。
② 参见叶晓华:《股权与治权的较量》,《董事会》2014 年第 12 期,第 100 页。
③ 参见金岩石:《破解阿里巴巴的双重股权结构》,《中外管理》2014 年第 11 期,第 29 页。

是:"股东出席股东大会,所持每一股份有一表决权。"这就表现出我国对于有限责任公司和股份有限公司股东表决权的差异。《公司法》给了有限责任公司宽容的空间,又对股份有限公司加以原则性的约束,看似松紧结合、十分灵活的《公司法》规定,却仍然无法避免优先股、黄金股和改制股等引起的特殊情况的发生。虽然我国公司法一直奉行"同股同权"的原则,但是也有学者认为,"无论其渊源如何,为使法律在支撑市场发展方面发挥有益功能,它必须因时因地制宜,而不是按照某种模式从一而终"。①

虽然目前并没有研究证明双重股权结构一定会对股东的利益有正面或是负面的影响,但是这并不能表明双重股权结构应该被否定。有人认为,"一种结构不可能对所有公司都是最适用的,是否采用双重股权结构应当衡量双重股权结构带来的价值是否能够超过其脱离市场监督而产生的成本"。② 尤其是目前互联网迅速发展带动了新型技术企业群体逐渐庞大,企业有了新的形式,制度层面也应当紧随其后加强完善,给新企业充足的发展空间。

2.2 否定说

当然,面对阿里合伙人制度这一横空出世的创新模式以及其背后延续了很久的双重股权结构,并不是所有学者都保有赞同意见的。有不少学者认为,公司利益和股东利益是有一致性的,而要想实现股东利益最大化,最好的方式就是让股东而不是其他利益相关者掌握公司的控制权。如果控制权旁落,而实际掌控者的利益与股东的利益并不是一致的,那么实际掌控者会按照自己的意愿去操作,来实现自己的目的,这样既是对我国《公司法》原则的违背,又是一种携带大量风险隐患的不负责任的行为。如果任其发展,或将对我国经济发展带来许多不稳定因素和法律风险,而上市公司更是首当其冲。周珺教授就坚持奉行"股东本位"的理念,并从法学逻辑和经济效率两个方面阐述,认为《公司法》仍应坚持股东利益最大化理论,他对于公司控制权的归属问题的观点是,目前较为流行的股东控制、利益相关者控制和管理层控制这三种模式中,股东控制模式避免了道德风险、符合公司利益最大化的目标,较其他两种模式来说更加稳妥。③

2.3 折中观点

介于两种极端之中,还有学者认为,阿里合伙人制度这样的设计实际上牵扯到《公司法》的一种价值选择——效率与公平。过去,按照法律传统思维,我

---

① 参见杨狄:《上市公司股权结构创新问题研究——以阿里巴巴集团上市为视角》,《现代经济探讨》2014年第2期,第43页。
② 参见金晓文:《论双层股权结构的可行性和法律边界》,《法律适用》2015年第7期,第53页。
③ 参见周珺:《论股东本位》,《政治与法律》2014年第11期,第107页。

国的公司法理念中过多关注的是公平而并没有重视效率问题。而现在,经济学思维强调效率的观点渗透到法学中来,在经济法和商法中的体现尤为突出。经济中首要因素是利益,追求利益则要追求效率,没有效率,公平也就无从谈起。而以调整商事法律关系为目的的经济法和商法中,效率的地位也就应该是不容忽视的。① 但是,因为毕竟涉及投资者利益保护的问题,是否应当将双重股权结构适用于开放型的上市公司,这些学者的态度就比较谨慎了。

2.4 观点评析

事物总是处于不断的变化发展中的,而新事物的产生本身就不可能是一件一帆风顺的事。尽管双重股权结构已经实际运行很久,但是它真正广泛进入我国社会各界、给我们如此巨大的冲击力和影响力,还是要感谢阿里合伙人制度的出现。

早在 20 世纪初,双重股权结构就开始在美国出现。起初,纽约证券交易所对上市公司的股票发行有着相当严格的规定,坚持同股同权的原则,后来家族企业巨头道·琼斯公司上市后面临着家族丧失控制权的风险,为防止控制权的旁落,上市公司 Bylaw 采用了双重股权结构,并得到了美国法律的认可。此后,双重股权结构成为新闻媒体、报业上市的最佳选择。1986 年,为了与纳斯达克和美国股票交易所竞争,纽约证券交易所终于允许实行双重股权结构,A类股和 B 类股这一概念从此在美国更加盛行。进入 21 世纪以来,双重股权制度随着互联网和高科技的发展而越来越被人们重视,特别是谷歌和 Facebook的上市,带动了一大批科技公司开始实行双重股权结构。与此同时,世界上的发达国家也逐渐广泛地开始承认这一制度,目前,双重股权结构在加拿大、德国、丹麦、瑞士、意大利等发达国家较为普遍盛行。

我们目前正处于时代的变迁之中,随着互联网科技的突飞猛进,我国网络经销等一系列以科技为依靠的企业不断发展壮大起来,而这种技术与资本同等重要的企业要如何运行、我国的法律制度是否应该随之有所变化,也正是学界热议的话题。关于阿里合伙人制度,赞同的学者主要是看到了高新科技给社会发展带来的变化,认为从这类企业的发展前景来看,虽然没有确切的数据表明双重股权制度是一种绝对有利的新型股权结构模式,但是仍然应该给予它一定的创造空间,给上市公司一个更为包容的市场环境;而反对的学者主要看到了作为投资者的大股东的利益,从公司发展目标的角度审视阿里合伙人制度,并发现了它的不足之处。赞同也好,反对也罢,我们探讨这一制度的主要目的还

---

① 参见刘道远:《效率与公平:公司法制度设计的价值选择》,《中国工商管理研究》2013 年第 12 期,第 35 页。

是在法律所能规制的范围内试图找到更为合适的方向和方法鼓励经济的发展。

确实,无论是同股同权原则还是双重股权结构,都是各有利弊的,我们不能简单地说谁对谁错,要想评价一种制度,既要考虑抽象的理论构架,又要考虑现实中各种各样错综复杂的突发情况,并非易事。但是,无论怎样的制度和原则,都是身处于一个大的市场环境之下的,实行怎样的制度,不能不考虑在哪里、在何时、对怎样的对象实施。并没有哪一种制度是可以完美到适应任何公司的,所以要根据具体情况来分析什么时间应该适用什么制度,坚持这样的一个根本方法才可以相对轻松地为国内上市公司找到更加有激励效应的股权结构,才能促进公司的治理,适应互联网时代的发展要求。

3. 双重股权制度之法律规制

马云使用阿里合伙人制度这样一种非传统的双重股权结构,巧妙地为公司设立了一个更加稳妥的股权架构,既能保证大股东的收益,又能保证只拥有阿里 7% 股权的自己得以不失掌控权。虽然看似对大股东的控制权有所不利,但从根源上来想,大股东投资的目的就是收益,他出的是钱,要的还是钱。控制权对于大股东来讲并不是根本目的,但却是掌握技术的小股东所需要的。现代社会分工越来越明确,互联网等一系列高新技术发展迅速,类似于双重股权结构和 VIEs(可变利益实体)结构等新型运作方式在我国法律范围内却仍然没有得到明确的认可。

对于阿里来说,大股东日本软银和美国雅虎的支持态度就已经可以说明一切。确实一家公司的根本目标应该是使股东利益最大化,但是股东利益最大化和由谁掌握控制权是两回事。依赖于高新科技的互联网公司更加需要具备专门知识的人才来把握方向,正如阿里巴巴需要马云来掌管才能真正做出成绩。

而对于我国来说,经历了计划经济到市场经济的变革,国家放权让利是从 20 世纪 80 年代以来的大趋势。而我国上市公司中绝大部分是国有企业,这也是一大特点。有一种观点认为,在我国上市公司内部,大股东垄断了董事会,而董事会和监事会的构成与股权结构完全不成比例又使得两会无法代表全体股东的利益,董事会、监事会和经理层的构成往往大同小异,在这样的做法之下,大股东得到了对公司的控制权,却让企业的绩效成为代理权竞争机制中的牺牲品。①

在当前公司所有权与经营权分离的模式中,大股东作为主要投资者,招聘拥有专业知识的管理人员来为其管理公司的业务,大股东和管理层的共同目的

---

① 参见郑德珵、沈华珊、张晓顺:《股权结构的理论、实践与创新》,经济科学出版社 2003 年版。

是取得利润,这样股东得到分红,管理人员获得工资。但是在现实的公司的组成人员中,股东和管理层彼此的利益往往是互相冲突的,彼此的优势也是不尽相同的。要想让公司发展得更加迅速,除了股东和管理层的互相信任以外,最重要的就是发挥各自的优势,股东提供资金支持,管理人员提供技术支持。至于控制权在谁手中,也并不是说在股东手中公司就一定会偏离方向、在管理层手中就一定会降低股东利益,只是相比较风险来说,由更加专业的管理层来控制公司的发展方向会比股东有优势。

目前国内也出现了关于上市公司股权结构创新的呼声,特别是双重股权制度较同股同权来说更加灵活,可以更好地适应互联网环境下公司的发展方向和速度。我国法律制度的设计是市场调节的重要一环,而在经济领域中,法律则应该更加关注经济的特性,对市场中"效率"的重视程度应该相对较高才行。确实我国《公司法》42条的规定给予有限责任公司较为宽容的空间,但是真的在公司章程中"另有规定"的企业少之又少,放眼看去,我国公司往往习惯了按照同一种模式走下去,如今运营方式与管理模式的创新应当被允许有一个宽容的空间。类似阿里合伙人制度的做法在美国虽也没有先例,但是由于美国的监管较为严格,包容性也更强,虽然上市后阿里会遇到很多困难,但是它的发展空间也将更大,若我国的法律环境也更加包容,允许多样的上市公司企业文化和治理模式的存在,我国公司的绩效是否也会更加明显呢?

双重股权结构虽然已经被许多国家所认可,但若要在我国发展股权结构的创新,不能照搬发达国家的配套制度,还是应该根据我国的具体国情来进行制度设计。

首先,上市公司作为公众公司,需要得到投资者的信任才能持久存在,所以信息披露机制是十分需要的。公众只有充分了解一家公司的基本信息、运营情况、创始人的目标和管理层的能力,才会在获取了大量信息的基础上做出相应的判断和选择。否则,若投资人信息获取过少,根据盲从心理进行投资,很可能会损害到自己的利益。并且,信息不对称的现象也会出现在大股东与小股东之间,导致小股东权益受到损害,不利于整个公司的经营和发展。在信息披露机制的问题上,具体可以借鉴美国、日本等发达国家的方法,这些国家的信息披露制度经过多年的完善,已经产生了许多有效的机制来保护中小股东的利益。

其次,应该完善公司内部和外部的监督机制。封闭型公司的治理很大程度上依赖管理层对整个公司的企业文化和发展前景的一致性,而开放型的上市公司却无法保证所有人的目标都是一致的。或许马云制定的合伙人资格要求里的5年限制和那两个弹性条款"对公司发展有积极贡献;高度认同公司文化,愿意为公司使命、愿景和价值观竭尽全力"就是为了防止管理层道德风险的发生,以此保证管理层为阿里巴巴集团效力的决心。但是这毕竟是道德要求，具体到制度层面，还是应该加强公司内部的监督。公司的目标是取得最大利益，往往会忽略监事会的职能的重要性，而上市公司尤其应该加强监事会的作用，并且应该将内部监督和外部监督、公众监督等相结合，配合较为完善的处罚措施，达到公平的目的。

最后也是很重要的一点，就是要明确法律责任。信息的披露和公司的监督机制已经做出了规定，所以相应地，我们也应该考虑违反制度的后果。法律责任的制定是必需的，它起的作用不仅仅是震慑，更多的是一种风险的规避和对中小股东利益的保护。比如信息披露中发现企业的虚假信息、在监督的过程中发现不良违法现象，行为人应承担怎样的后果、做出怎样的补偿，都是我们在制度设计时所应该考虑的因素。明确好法律责任，不仅仅是在保证交易的公平，同时也是提高公司效率的一种重要手段。

4. 结 论

综上所述，在互联网环境下，我国高新科技公司（尤其是上市公司）对股权结构的创新是十分需要的。目前我国《公司法》还是同股同权的原则在一定程度上制约了国内新兴领域的公司的发展速度和创新意识。公司的控制权究竟花落谁手，或许将是一个长期探讨的话题，而法律要做的事，就是在纷乱复杂的利益纠纷中寻找一个平衡点，并创造性或非创造性地运用一切合理的方法来维护平衡、提高效率。无论双重股权结构等一系列股权结构的创新形式会为我国公司的发展带来怎样的前景，我们都应当给它们应有的鼓励和相对宽容的法律环境，给它们更加自由的发展空间。

◎ **自我风采**

我是浙江财经大学法学院2014级非诉法律实验班的成员吕悦然，也是校乒乓球协会第19届会长。

自身优势和长处：作为一名法学生，我头脑冷静、心思缜密、做事认真负责，也正是这些特点支撑我肩负起领导一个社团的重任。

自身的不足之处：有时会不懂变通，在原则问题上喜欢钻牛角尖，在事情较多、压力较大的情况下不能很好地调整自己的状态。

读大学之前，我的父母一直希望我能够读一个金融学学位，将来跟他们一样从事银行业务或者做一名收入稳定的公务人员，而在高考结束填报志愿的时候，我毅然决然地选择了读法学。或许是"正义"这个字眼太过迷人，康德曾经说过："有两种东西，我们越是经常、越是执着地思考它们，心中越是充满永远新鲜、有增无减的赞叹和敬畏，一是我们头上的灿烂星空，二是我们心中的道德律令。"我很感谢自己当初的选择让我来到非诉班，让我的大学生活在学习之外有了这么多实习、实践的机会。

◎ **法路思语**

在财经大学的这几年，我分别去律师事务所和检察院实习过，通过亲身体验和感受的方式加深了对法律知识的印象。同时，由于家庭环境的影响，我在本专业学习之余也辅修了金融学专业,学习了金融和投资的相关知识,并意识到金融领域中法律的重要性。正是在财大非诉班的学习,让我的眼界开阔了许多,同时我在不断与优秀的人的接触中也认清了自身能力的欠缺之处,拥有了更坚定的信念和更充足的勇气。感谢拼搏,感谢遇见。

合伙企业合同管理制度建设的若干建议

2014 级非诉法律实验班　田宏成

摘　要：合作企业作为社会主义市场经济中的一个不可或缺的部分，以其独特的经营模式，尤其是生产型企业巨大的市场潜力，吸引了越来越多的投资者进行合伙企业经营。合伙企业经营中依靠投资者个人信用关系网络和口头约定协商工作的方式使得合伙企业在日常交易、融资转型等方面可能存在交易安全、信息泄露等问题。该文针对合伙企业合同管理的现状，分析其中存在的问题，提供企业将约定工作的模式转化为合同工作的模式的若干建议。

关键词：合同管理制度；标准文本；风险控制；合伙企业

1. 引　言

随着我国社会主义市场经济的不断发展，相较于公司设立时所需的繁杂流程、公司在市场中生存所需要的包容性和独特性以及公司运营时需要的特定人才，要求相对简单的以个人合伙为基础的合伙企业数量日益增多，这已经占据了我国市场交易的一定比例。合伙企业的纳税方式不同于公司，经营合伙企业能够获得更大的利润，这样一种盈利组织，由于其人合性的特点，往往在经营中依靠合伙人的个人关系渠道，通过合伙人之间的直接决定，将企业的盈利达到最大化。然而，这种纯粹依靠合伙人的点对点式经营模式在对于合伙企业经营交易时会带来一定风险，以及合伙企业进行深化转型时会遭遇较大的困难。对于这种困难，设立有效的企业合同管理制度可以一定程度上对于企业能够起到辅助效果，降低企业所要承担的交易风险。

2. 合伙企业设立合同管理制度的现状分析

目前，在我国，公司主要集中在一线城市，二线城市则主要以合伙企业为主。这一类合伙企业大多是以依靠家庭亲属关系或朋友关系为基础进行设立，企业多为单一的生产型企业或者加工型企业。在该类型的合伙企业中，生产模式较为单一有限,产品种类大多相近,企业客户来源多为合伙人以往的合作对象,或是为公司提供原材料的加工与生产商。根据我国市场经济的发展趋势,现阶段对于产品原料的生产加工,产品产成品的初步加工具有极大的市场需求,该类型企业能够以其有效地满足客户需求,完成客户的订单获得一定利润。但从市场经济发展的下一阶段考虑,此类企业会遭遇同类型企业过多,地区限制性过大,企业对外扩展缺少渠道等问题,使得此类企业无法具有像公司一样进一步扩大经营的可能性,企业转型过程中所面临的风险和困难程度更大。但是,由于此类企业多为加工类企业,与负责成品经营类的公司进行交易的机会较多,企业的合伙人在此过程中认识到该种问题之后,部分企业开始效仿公司,在日常交易中采用标准文本的合同扩展企业自身的客源。然而企业本身缺少对于合同管理以及合同风险防范的人员,单纯地使用标准文本的合同进行交易,会对企业的信息安全、交易过程中的合同履行等方面产生一定影响,控制不好即会转变为合同纠纷。

根据遂宁市船山区人民法院 G 法庭 2010 年受理个人合伙协议纠纷案件 5件,2011 年 3 件,2012 年 3 件,2013 年 5 件,2014 年 5 件。

遂宁市船山区人民法院归纳总结出近年来个人合伙协议纠纷案件呈现以下特点:

(1)从数量上可以看出,近年来个人合伙协议纠纷案件虽然所占比重不多,数量也不算多,但总体呈稳步上升趋势。案件数量的增多除了我国经济发展和公民维权意识增强的原因之外,还有个人合伙内部账目及管理混乱容易导致纠纷等原因。

(2)从合伙的类型来看,个人合伙的事务 90% 以上都是合伙承包工程建设,包括房地产开发、建设、分包。其余少部分集中在合伙开设宾馆、砂石厂等。这是因为近几年来房地产市场的火热,导致手里拥有多余资金的人也想来分一杯羹。这样有资金的人和有技术及门路的人一拍即合,通常采取挂靠有资质建筑公司的方式对外承建工程。而涉及宾馆、砂石厂的个人合伙,往往合伙人数量十分之多,有的甚至多达二三十人,这造成案件审理难度的加大。

(3)从合伙人之间的关系来看,统计的 95% 以上的个人合伙案件中的合伙人均是亲戚或朋友关系。我国是一个人情大国,受其影响,通常只有"关系好""信得过"的人才会一起合伙。但是这样基于人情的合伙组织,往往没有详细的合伙协议,甚至没有合伙协议,无规范的管理和财务制度,因此发生账目差异和意见分歧时就更容易"扯破脸"。

合同作为企业日常运营中必不可少的一个部分占据了企业法律纠纷中的极大比例。有效地进行合同管理能够减少企业面临的风险,有效规避或者减少企业所要承担的损失。

3. 合伙企业设立合同管理制度的必要性

3.1 有助于提高企业运转效率

合伙企业具有高度的人合性,企业内部大多数事项通过合伙人之间的协商进行决定,这一方面能够使得企业的效率达到最大化,能够在第一时间进行决议,减少因为决议时间所导致的亏损,但另一方面,这种人合性将企业的运转限定在合伙人身上,一旦合伙人发生变故,整个企业的运转都会遭受一定的影响。设立企业的合同管理制度,能够一定程度上将合伙人的决议通过合同或者具有合同相同性质的文本固定下来,企业的运转就只是对于决议的执行,对于一些突发事项,有合同为依据,能够在合伙人未在场的情况下解决。同时,设立合同的对象不仅仅局限于企业对外,企业对内也可以运用合同制度,就合伙人之间的分工职能,包括企业整体财产的使用安排、合伙人之间分红的安排、企业规模的扩大决议等。有效的合同管理制度可以一定程度上缓减企业本身带来的过多依靠合伙人决议的劣势,提高企业的运转效率。

3.2 保障企业的自身权益

一方面,商品交换是企业生产的基础,而商品交换是各个不同的独立民事主体之间以合同形式来实现的,因而离开了合同制度,没有了合同管理,企业的生产根本无法进行。加强合同管理有助于维护自身利益,化解合同纠纷,有利于维护其自身的合法权益。

另一方面,随着我国加入 WTO,中国经济快速发展,企业在发展中变得愈来愈强大,而中国企业实现快速发展广泛采用的形式是合并与联合。加强合同管理,不断健全各项合同管理制度,能使国内企业尽快树立国际化市场观念和遵循市场规则与国际惯例的意识,勇敢面对日益严峻的国际化挑战,实现企业的可持续发展。

3.3 保障市场经济行为的有序开展

在激烈的市场经济的竞争中,以经济利益为内容的商品经济关系是企业之间的基本关系,而这种经济关系却是企业负责人以民事主体的身份通过订立具有法律约束力的合同关系来确立。合同是企业项目中有关各方联系市场的纽带,加强对其的管理有助于树立良好的企业形象,提高市场竞争力。因此,加强合同管理是市场经济的客观要求。

4. 合伙企业设立合同管理制度的构建建议

按照合同业务流程,一个完整的合同业务包括:合同立项及选商、合同申报、合同审查、合同审批、合同签订、合同履行、合同归档、合同纠纷环节中辨识合同风险等多个环节。对于企业来说,初步进行设立合同管理制度的工作时,应对于以上环节中的合同立项、合同审查、合同履行、合同归档、合同纠纷这几个环节作为重点构建的若干要点,以此为整个企业合同管理制度的基点,制定出一整套的合同管理制度。并充分考虑到合同管理流程、标准文本的适用、合同签订的风险控制、合同管理带来的成本问题以及合同所可能引起的争议与诉讼问题。

4.1 合同签订阶段

根据《中华人民共和国合同法》(以下简称《合同法》)第 12 条规定:合同的内容由当事人约定,一般包括以下条款:

(一)当事人的名称或者姓名和住所;

(二)标的;

(三)数量;

(四)质量;

(五)价款或者报酬;

(六)履行期限、地点和方式;

(七)违约责任;

(八)解决争议的方法。

当事人可以参照各类合同的示范文本订立合同。

关于合同的立项和审查,企业需要注意在企业订立合同时,须对对方的工商登记事项、资信状况和企业或公司运作情况进行审核,确保签订合同另一方的主体资格真实有效,若为代理或者委托,应根据代理或委托的相关文件,审核其代理资格是否无误,确保在合同订立时规避主体不适的风险,同时保障了企业自身的信息不会因为假借签订合同而泄露的可能性。

确保主体资格无误后,应对拟定的合同条款进行审核,条款本身符合规范,用语标准化是首要条件,避免因为用语等问题出现双方理解上的歧义。其次,在合同条款审核时须注意两点:(1)若合同为我方拟定,则根据本次交易的标的,设立风险转移的条款,例如让对方提供担保、抵押等条件,以免合同涉及第三方的情况下出现纠纷时,解决产生困难;(2)若合同为对方拟定,则要全面审核合同条款,是否存在对我方利益不利的不平等条款,是否存在部分条款含糊不清,试图转嫁风险的情况。

合作双方进行签订时,应选择面对面签订协议,有必要的情况下,可以在签约现场安排见证人。避免合同设立时由于运用传真、电子邮件等工具产生问题。

4.2 合同履行阶段

合同执行过程中的风险最为多见,如不认真履行合同中的相关规定,随意修改合同,合同违约现象时有发生。其具体表现形式有以下几种:

(1)不履行。不履行是指合同的当事人一方完全不履行合同的义务,导致合同目的不能实现。例如,当事人拒绝履行合同义务、根本违约;预期违约,即在合同履行期到来之前,合同一方当事人无理由地明确表示将不履行合同义务。

(2)不适当履行。不适当履行是合同当事人一方虽然履行合同的义务,但是不符合合同的约定,通常包括标的物的质量和数量、履行地点及方法不符合合同约定。例如,质量不符合约定上的要求、履行数量上不完全、履行地点与方法不适当等。

(3)迟延履行。迟延履行是指合同当事人一方在履行期届满时还没有履行合同规定的义务。例如,迟延交付、迟延支付款项或报酬。

无论是不履行还是不适当履行或是迟延履行都会对于企业的利润有一定的影响,严重情况下可能对企业造成无法预计的损失。因此,在合同履行时,需要专门的人员负责合同所涉及项目的跟进,对于合同的履行存在问题,能够提前预期到,并在给企业造成损失之前对对方进行提醒,或者在超出履行期限时第一时间进行上报,进行解决,将企业的损失在第一时间减小到最低。对于对方存在违约现象的,可以申请仲裁,或向人民法院提起诉讼,尽量减少企业的损失。

4.3 合同履行后阶段

该阶段多未引起企业重视,在合同履行完全后,即交易结束,企业往往选择将合同忽视,然而,履行完全的合同对于企业来说,实际上不仅仅是一次交易记录,同时也是企业资产的一部分。对履行完全的合同企业进行归档,一方面能够将相同类型的交易所可能带来的风险问题进行总结概括,另一方面对于企业的内部资产核算等能够起到凭证作用。

4.4 合同管理专业人员的配置

合伙企业的合伙人本身要拥有一定的法律意识,在经营中将以往采用的约定工作逐步转变为合同工作,对外进行交易时拟定合同,对内聘用员工时也拟定合同,对于合同要有一定的重视程度。合伙企业在有能力的条件下可以考虑聘用法律顾问,进行对于合同的审查等工作。一般情况下,企业应拥有对于合同有一定了解的人员,能够对于合同签订后的合同履行以及发生违约现象时进行跟进处理。该类人员企业可以采用聘任的方式,也可以组织现有人员进行培训学习。

所以,现代企业的合同管理也应当是全过程、全方位的管理。现代企业若能对合同实施有效管理,必将极大地提高企业的管理水平和经济效益。

5. 结 语

合伙企业在现代市场经济中占有一定的市场份额,对于我国社会主义市场经济的发展起到了不小的促进作用。制定有效合理的管理合同、制定全方面的合同管理制度能够降低企业本身的交易风险,减少损失,也有助于企业进一步改革升级。

参考文献

[1]石红明,徐胜军.目前企业合同管理存在的问题与对策研究[J].中国科技信息,2006(3):29-30.

[2]郝黎黎.企业合同管理常见问题浅析[J].经济论丛,2013(6):219.

[3]陈通,任明,宫立新.企业合同管理风险辨识及评价研究[J].西北农林科技大学学报(社会科学版),2007,7(1):101-105.

[4]向昆,扈扶桑,杜丽娟.企业合同管理风险与防范[J].现代国企研究,2015(5):25.

[5]王丽荣.企业合同管理流程及其风险与控制[J].中国外资,2013(11):172-173.

[6]曹天慧.浅论现代企业合同管理的重要性[J].科学之友,2008(3):64-65.

[7]彭燕.浅议现代企业合同管理中的风险控制[J].现代商业,2011(12):165-166.

[8]王芳.试论加强企业合同管理的风险防范[J].江苏经贸职业技术学院学报,2007(3):60-62.

◎ **自我风采**

　　我是 14 级非诉的田宏成，一个普通的大三学生，没有什么擅长的事情，也没有什么特别感兴趣的事情，只想简简单单地把每一天都过好，过得充实。

◎ **法路思语**

　　从高中的理科生到现在的法科生，一开始我对于这个专业没有多大的感觉。从大一到大三，不能说学到了什么是法律，只能说学到了如何去感受法律。法律是一个社会性质的事物，从社会中来，到社会中去。很多人把它当作一种工具，用来谋生，这只是感受到了最基本的法律，也就是法律的基本形态。法律，只有在社会中、在人与人之间的共同联系下，才能发挥它的最终作用。希望自己能看到它越来越具体的样子。

下 篇
律海初航

北京盈科(杭州)律师事务所实习报告

2014级非诉法律实验班 陈 熙

摘 要:该文主要介绍了笔者实习单位北京盈科(杭州)律师事务所的相关情况,通过在盈科律师事务所的实习,提前接触了非诉律师的实务,通过独立完成尽职调查报告,了解到做律师要细心负责。实习所学并非止于专业知识,更多的是做人处事。笔者的社会经验来自各类实习,对专业知识的掌握尚有欠缺,以此明志,积极打好专业基础。

关键词:实习;北京盈科律师事务所;非诉律师;尽职调查报告;为人处世

1. 实习单位介绍

盈科律师事务所(盈科)努力发挥国际化商务律师事务所的优势,整合全球资源,为客户提供优质、高效、满意的法律服务。流水之为物也,不盈科不行;君子之志于道也,不成章不达。未来五年,盈科还将加强律师事务所规模化建设工作的力度,进一步完善律师事务所全球网络建设。届时盈科全球执业律师人数将超过5000人,员工总人数近10000人。盈科还将全面启动"合作伙伴计划",与全球近30家国际律师事务所签订合作伙伴协议,逐步形成盈科遍布全球的法律服务网络体系。

人才是律师事务所最宝贵的财富,盈科在发展中坚持"以人为本"的人才战略,逐步形成了由专业律师人才、市场营销人才、管理人才组成的人才队伍,保障了律师事务所整体战略目标的实现。盈科拥有一支理论基础好、专业水准高、服务态度一流的律师团队。目前,盈科业务范围涵盖国际法律事务、海商海事、海外投资、两岸法律事务、资本市场、私募股权、投融资、金融衍生品、公司并购、知识产权、房地产、并购重组、企业风险防范、劳动、产品质量、文化创意产业、矿产能源、环境保护、政府法律服务、争议解决等领域。目前,盈科已与多家知名高校建立了合作伙伴关系,聘请多位专家、教授担任盈科顾问,为盈科的发展提供全面智力支持。

客户是律师事务所发展的"原动力",盈科坚持"以客户为中心"的服务理念,始终以客户的需求为关注焦点,以顾客满意为工作目标。盈科成立"客户服务中心",充分倾听客户的声音,理解客户的需求,贯彻"市场本土化、服务全球化"法律服务模式,充分发挥盈科全球化法律服务体系的优势,通过不同专业、不同地域律师的合作,为客户提供综合性法律解决方案,为客户创造价值,帮助客户获得成功。

北京盈科(杭州)律师事务所(盈科杭州)于2014年1月经浙江省司法厅批准成立,是由北京总部直接投资、直接管理的大型、综合性律师事务所。盈科杭州坐落在被誉为人间天堂的杭州,办公面积2300多 m^2,设有律师独立办公室、高档的洽谈室、多媒体会议室、豪华咖啡厅等公共办公设施,办公环境高端、优雅、舒适、温馨。

盈科杭州位于浙江杭州市下城区。主营注册离岸公司、常年法律顾问、公正认证、知识产权等。在商务服务——公司注册服务行业获得广大客户的认可。公司秉承"保证一流质量,保持一级信誉"的经营理念,坚持"客户第一"的原则为广大客户提供优质的服务。盈科杭州秉承"诚信、卓越、合作、责任"的服务理念和规模化、专业化、品牌化、国际化的发展方向,坚持"以人为本"的人才战略,形成了由专业律师人才、专业市场人才、专业管理人才组成的专业化服务队伍,以保障为客户提供专业、优质、全面的法律服务。盈科拥有有效的资源整合平台,各个分所及总部之间相互依托,形成强大的合力,不但办理法律事务方便快捷,而且在优势上形成强大的互补。

盈科杭州立身于沿海经济发达的电子商务之都,传统的律师行业与最前卫的电子商务行业相辅相成,共同发展。依托盈科在全球的法律服务网络一体化优势,整合资金、项目、渠道资源,为客户解决法律纠纷,提供商业机会,促成交易,创造价值。

2. 实习主要过程

此次实习的目的在于通过在盈科杭州的实习,熟悉律所的业务范围、办案流程及工作方法,认识私募股权、新三板等非诉案件,接触了上述类别案件的办案方法。实习过程主要包括以下几个阶段:

了解企业文化,熟悉工作环境,了解我跟随的实务导师团队的基本业务;学习完成一份企业的尽职调查报告(尽调报告),跟随导师去听讲座并整理讲座报告;总结实习经过,并完成实习手册、实习作业以及实习报告。

3. 实习主要内容

由于参加校艺术团的"三下乡"社会实践活动,我正式开始实习的时间比同在盈科杭州的同学们晚了近一个星期。7 月 10 日,我穿着整齐的衣服来和我的导师——楼奇律师见面。因为错误估计了路程时间,所以第一次和导师见面就迟到了。随后楼老师强调了几点纪律:(1)客户信息保密:禁止泄露工作内容和资料,不准拍摄有关工作内容的材料;(2)准时:做律师守时很重要,尤其是在见客户的时候。楼老师让我在 15 日正式实习前查阅"新三板"和"尽职调查"的相关资料。而对于 7 月 15 日的正式实习,我心里又增添了一份向往。

第二周正式实习的前一晚,我接到了楼老师的助理严棋慧姐姐的电话,让我先熟悉一下她给我发来的关于尽职调查的文件。第二天来到公司,与此前的匆匆一瞥不同,这一次我认真观察了一下盈科杭州的环境。我们的公司位于苏泊尔发展大厦的 8 楼和 9 楼,楼层不高,一层楼被一块一块木板似的建筑材料分割成了许多小空间,公司的律师和律师助理们有自己的办公桌的同时,又集中在一起,形成了一个个联系紧密的团队。

就盈科杭州的组成来看,感觉和影视作品中见过的律师事务所不一样。盈科杭州是以团队为单位组成的一个集合。每个团队似乎交集并不多,各自负责自己的项目内容,高度分工。而我所在的楼奇律师的团队以私募股权以及投融资、建筑房地产、知识产权业务为主。

第三周,我们团队的小严姐给我拿来了厚度约 12cm 的资料,并告诉我这是我接下来要做的一份尽调报告的资料。那些资料摆在我的面前还是非常具有震撼力的。材料中的工商信息组织机构代码证等文件,因在校学习时有接触过所以有亲切感,后来请教了小严姐才知道,原来做一份尽调报告事实上不需要去计算那些数据,作为企业聘请的顾问,我们律师需要做的是如实地记录企业所提交的具体信息,并找出其存在的问题。刚开始做这份尽调报告时,未曾有过相关经验的我感觉无从下笔,事实上作为一个大学生语言组织是没有问题的,问题在于自己害怕在报告中写错。寻求小严姐的帮助,她却笑着说:"就这么写就可以了,不用担心。"转念一想,与其缩手缩脚不如放手去做。正是第一次做,大概有错误也是可以被原谅的吧,何况还有小严姐最后帮我进行核对。

之后,楼老师带我去一个类似创业咖啡的地方参加讲座。期间,楼老师所讲的有关新三板的内容,听得我晕头转向,结束后根据讲座的录音我做了一份讲座报告。在整理报告的过程中,有些不懂的词汇去查阅一下,发现一篇报告整理下来比听的时候收获更多了。于是我发现,讲座不能光听,要试着整理一份报告出来,那样不仅能加深对讲座内容的印象,也能真切地学到讲座过程中的知识!

第四周尽调报告暂时完成了一部分,小严姐检查了一下发现了一些问题。我在写尽调报告的时候,以为把文档中空白的地方填满就好,但事实上这也是我的错误所在。尽调报告的原则就是如实报告,我在写相关信息的时候是想当然地写上去了,并没有顾及调查材料的缺失。尽调报告中遇到材料的缺失应该记录下来并作为调查中出现的问题加以重视,这样的一份尽调报告才能是合格的,是对企业负责的。这尽调报告其实就像做人。正如楼老师所说,在做一个律师之前,要学会做人。诚实这一品质非常重要,做法律人尤其要学会用事实说话。

实习期间,学校的李政辉老师、王俊老师、毕岩智老师来所里看望我们,当天下午恰逢所里召开年中总结会,作为实习生的我,感受到了盈科杭州的发展势头。其中我注意到所里只有一位博士学历的律师,那位律师还是教我们民法总论的于雪峰老师的同学。平日里在所里经常能听到那位律师爽朗的笑声,似乎是个十分外向、亲切的人;于雪峰老师给我的感觉是很安静、内向的,似乎正适合去做学问。同样是博士,不知道是不是职业的影响让本是同学的两人气场和性格变得不一样。

第五周,楼老师让我去听他的讲座。楼老师在去讲座的路上和我进行了一个小谈话,有些话让我印象深刻。他说:"做律师,不要在乎名和利。心里一直惦记着名和利,对自己是不利的。'高级合伙人'只是一个头衔,本职还是一个律师。"这个讲座是关于初创企业的股权结构设计,相比于新三板,这样的课题明显好理解很多,听起来也更有趣味。楼老师做讲座过程中,不时和在座的企业家们进行互动,讲座气氛非常轻松。两次讲座听下来,对楼老师更加敬佩。从文学名著到专业文章,楼老师引经据典,信手拈来。

最后一周,我正式办理了离职手续,被移出盈科杭州的微信群那一刻,心里还是有点不舍的。这段时间在群里收藏了不少好的微信推送,都是值得深入阅读的好文章。在这段近一个月的实习生活中,我学到的知识是学校里从未接触过的,此刻真正懂得了"纸上得来终觉浅"的意义。通过这段时间的体验,我对非诉律师有了一个初步了解,也更坚定了做一个非诉律师的目标。

4. 实习的主要收获与体会

在这次实习中,我最大的收获就是对非诉律师基本业务有了大概的了解,并能对一些业务进行基本操作。在提高专业水平的同时,其他方面的收获也是非常大的,学到了许多学校里学不到的经验与教训。作为一名大学一年级学生,这次的暑假实习无疑成了我大学生涯一段难忘的经历,为我今后的学习生活提供了宝贵的经验。

首先,让我认识到法学理论知识与法律实践之间的差距。自己在课堂里总是在被动地获取知识,不会主动进行探索学习。通过这次实习,让我深刻地意识到结合法律实践,积极主动运用法律思维进行思考在学习法学中的重要性。比如在理解一些民事诉讼法中的某些条文时,我发现自己并不具备一个专业法律人的思维,理解得非常片面。在书写企业尽职调查报告环节,也是漏洞百出。

其次,我学会工作中应具有高度的责任心。整理尽职调查报告需要的不是专业水平,而是耐心、细心,整理不到位或者日期整理错误都会给后期工作带来巨大的麻烦。类似的事例非常多,所以对待自己的岗位、自己的工作应具有高度的责任心,做到事中细心事后检查。

最后,让我学会如何与人相处。刚进入盈科杭州的我非常担心会与大家相处不来,担心自己做得不好给他们留下不好的印象。然而实习下来非常顺利自在,在前辈们的理解和帮助下,我对工作也慢慢地得心应手。大家相处非常融洽的氛围,并不像想象中竞争激烈的社会现象。真诚相待,这是在社会人际交往中至关重要的。

通过这次的实习,让我更清楚地了解自身的优势和不足,学会了很多学校里学不到的知识,更为我今后步入社会打下坚实的基础。

◎ **自我风采**

我是浙财 14 级法学非诉班的陈熙。

三年前我正式成为一个完全行为能力人。在那之前,我与法律的联系来自我的身份证,它仅仅显示着我的行为能力的变化;在那之后,我进入了 14 级法学非诉班,我开始学习法律。

在这段时光里,我发现了自己很多的闪光点:我开朗活泼,总能在一个陌生环境扮演活跃气氛的角色;我热爱运动,对羽毛球的深爱让我每周都会去球馆与好友一战;我善于发现生活中的美,作为一个非专业摄影师,我时常带着相机去城市深处记录每一处的生活点滴;我英语能力强,和学校许多留学生一起旅游跨年,交流没有语言障碍;我有着极强的审美观念,能熟练使用 PS、AI 等设计软件制作商业海报、画册,这能让我练习设计技术也能给我带来经济回报,爱听音乐的我自学了吉他,能陶冶自己,也能给朋友助兴娱乐。

一个硬币有两面,我也有不足:我的兼职很多,社会实践经验比较足,但学业未能特别优秀;过于注重细节的我,在思考法律案例时,时常会陷在一个牛角尖里;同样,开朗活泼的我容易给人带来我很浮躁、沉不下心来的印象。

事实上,在进入 14 级法学非诉班之前,我对法律的认知很少,我曾以为法律离我很远很远。当我有一天学习完民法总论,我发现,原来所谓的民法是那么亲近,深深融入我的生活。本科的课程让我意识到:我知法守法,但更应该用法护法。作为法学生在学习法律的过程中应该深入理解、学以致用,更应该试着找到法律漏洞,提高自己的法律研究能力,也为法治和法制建设贡献一分力量。

◎ 法路思语

通过本科课程的学习,我自己的法律意识有了明显提高,以前,对法律只是很表面理解,很感性的认识,面对冤案只能愤而不平;现在能够领悟到法律的深层次内涵,有了理性的认识,学会分析案件背后的法学理论,通过学习使我的法律意识产生了质的转变。学习结束后,我静下心来,参照课本,对照笔记,联系一些法律事例,以及观看普法宣传节目,感觉到在法制建设方面,我还有很多需要学习,还有很多工作要做,还许多有待解决的问题需要考虑。

法律知识是我们必备素质之一,我们必须通过它,树立正确的人生观、价值观。促进和规范人与人之间的关系,正确地处理人与人之间关系问题、公平交易、平等……在生活过程中,遵守法律,享受个人权利,履行义务。

由于我们专业的知识体系过于单一,导致我们很少接触到能使自己综合素质提高的知识。而这门课很好地弥补了我们专业所缺乏的,并使我们的知识视野扩大,对提高自己的综合能力很有好处。比如:在找兼职做的时候,能够更好地维护自己的利益等。

在大学四年的学习中,我感觉到自己有了很大的变化。其中实体法部分对我以后很有帮助,它主要介绍我国几大基本的部门法和几个重要的单行法的相关内容,使我了解包括行政法、民法、婚姻法、继承法、知识产权法、经济法、刑法的立法目的、原则及基本规定和精神,培养了我的知法、守法、护法、用法的自觉意识。

北京盈科(杭州)律师事务所实习报告

2014级非诉法律实验班　陈　嫣

摘　要:实习期间,在指导老师的帮助下,熟悉了证券基金领域基础理论知识,对国内外上市、新三板、新四板等实际案例都进行了系统学习。将理论知识与实际工作相结合,在不断地尝试和实践中提高自己的专业水平,为接下来的学习做准备。

关键词:证券基金理论;国内外上市;新三板;新四板案例;行政归档

1. 律所简介

北京盈科律师事务所是一家源自中国的全球化法律服务机构,致力于为客户提供"一站式"全球商务法律服务。

北京盈科律师事务所总部设于中国北京;在中国拥有北京、上海、广州等19家分所;在美国纽约、英国伦敦、意大利维罗纳等8个国家和地区拥有海外分所。

未来五年,盈科律师事务所还将加强律师事务所规模化建设工作的力度,进一步完善律师事务所全球网络建设,努力实现如下规模化目标:在中国大陆,将设立哈尔滨、石家庄、太原等20家分所;在海外,将设立巴黎、法兰克福、布拉格等20家海外分所。届时盈科律师事务所(盈科)全球执业律师人数将超过5000人,员工总人数近10000人。盈科还将全面启动"合作伙伴计划",与全球近30家国际律师事务所签订合作伙伴协议,逐步形成盈科遍布全球的法律服务网络体系。

人才是律师事务所最宝贵的财富,盈科在发展中坚持"以人为本"的人才战略,逐步形成了由专业律师人才、市场营销人才、管理人才组成的人才队伍,保障了律师事务所整体战略目标的实现。盈科拥有一支理论基础好、专业水准高、服务态度一流的律师团队。

目前,盈科全球分所成立了60多个专业部门,业务范围涵盖国际法律事务、海商海事、海外投资、两岸法律事务、资本市场、私募股权、投融资、金融衍生品、公司并购、知识产权、房地产、并购重组、企业风险防范、劳动、产品质量、文化创意产业、矿产能源、环境保护、政府法律服务、争议解决等领域。截至2011年8月，盈科律师中有博士近40人，硕士600多人，留学归国人员50多人，外籍在所工作人员15人，各领域专家顾问60余人。目前，盈科已与清华大学、中国人民大学、中国政法大学、中共中央党校、美国天普大学、澳大利亚新南威尔士大学等20多家国内外知名高校建立了合作伙伴关系，聘请60多位国内外专家、教授担任盈科顾问，为盈科的发展提供全面智力支持。

客户是律师事务所发展的"原动力"，盈科坚持"以客户为中心"的服务理念，始终以客户的需求为关注焦点，以顾客满意为工作目标。盈科成立"客户服务中心"，充分倾听客户的声音，理解客户的需求，贯彻"市场本土化、服务全球化"法律服务模式，充分发挥盈科全球化法律服务体系的优势，通过不同专业、不同地域律师的合作，为客户提供综合性法律解决方案，为客户创造价值，帮助客户获得成功。为解决客户发展中遇到的融资难问题，盈科专门成立了"投融资中心"，与银行、信托、私募股权资金、担保机构等金融机构合作，促进金融资本积极参与客户的发展，帮助客户获得成功。优质的服务赢得了客户的信赖，盈科为17000多家海内外企业提供满意的法律服务。

同时，盈科先后加入了中国国际商会、中国商业联合会、清华企业家协会、中国中小企业协会、国际版权交易中心、中国阿拉伯交流协会、中国风险投资研究院、青年企业家协会、北大PE投资联盟等150多家行业和企业协会，为协会成员提供满意的法律服务。

盈科还先后接待了美国、英国、法国、德国、奥地利、匈牙利、巴西、南非、澳大利亚、新加坡、中国香港等40多个国家和地区的律师事务所、法官协会的交流来访，盈科已和全球20多个国家和地区的国际优秀律师事务所建立合作伙伴关系，通过盈科与国际律师事务所的合作为客户提供全球专业法律服务。

盈科曾先后荣获"ALB亚洲法律杂志"评选的"中国发展最迅速律师事务所"TOP1、"2011中国上市公司最信赖律师事务所"大奖、"2011品牌中国金谱奖法律顾问服务优秀品牌"大奖，并位列LawFirm50"2011年中国律所公众关注排名"第一位。同时，盈科党支部也获得了"2010—2011年度北京市律师行业五好党支部"等多项殊荣。盈科律师也先后荣获了多项荣誉，梅向荣主任荣获了"2011中国优秀律师"称号、"2010品牌中国律师行业年度人物"、"ALB2010年中国大陆25名重要影响力律师"。

2. 实习主要过程

通过学生与律师的双向选择，我的实习导师是北京盈科（杭州）律师事务所

(盈科杭州)的孙大勇律师,从事的主要工作为国内外上市业务、私募基金业务、新三板与地方股权交易中心挂牌业务、公司常年法律顾问、民商事纠纷等。期末考试周结束后学院安排了实习导师见面会,经过各位实习导师、学校老师及领导和我们的交流后,为期一个月的实习便开始了。

实习过程主要包括以下几个阶段:

(1)学习证券基金领域基础理论知识,参考《全国中小企业股份转让系统业务规则(试行)》《全国中小企业股份转让系统挂牌条件适用基本标准指引(试行)》《中小企业股票发行上市问答》;

(2)学习国内外上市、新三板、新四板等实际案例;

(3)参与新三板实务项目的申报等工作;

(4)整理实习导师部分项目工作底稿并归档;

(5)拟定论文题目并结合实务撰写论文;

(6)实习导师指派的其他工作。

3. 实习主要内容

刚到盈科杭州第一周,孙律师也就是我的实习导师,带领我进行了前期的准备工作。具体包括如下几点,一是对工作环境的熟悉。按照盈科杭州行政部门的要求办理入职手续,直观了解盈科杭州的真实工作模式。在孙律师的带领下我很快融入盈科杭州,投入到学习中;二是开始加强证券基金领域基础理论知识。根据孙律师的建议我开始阅读学习《全国中小企业股份转让系统业务规则(试行)》《全国中小企业股份转让系统挂牌条件适用基本标准指引(试行)》《中小企业股票发行上市问答》。在学习这些基础理论知识的时候,发现自己存在很多不足之处,我便咨询了实习导师以及盈科杭州里的其他律师,查阅了很多参考资料,笼统地完善了知识体系,也体会到了与人沟通交流的益处。律师工作对专业知识的高要求促使我更自主地学习获取知识。

实习第二周主要是根据理论学习案例,见习实务工作,学习了国内外上市新三板、新四板等实际案例,对证券与基金领域的基本业务有了大概的了解。孙律师带领我见习了一个关于常年法律顾问的会议,这也是我第一次直接参观非诉讼律师的实际工作,律师的高效率与专业性是我参观这次会议后印象最深刻的两点,我开始明白仅仅笼统地了解专业知识和理论知识是不能支撑实务工作的。除了了解案例和参与实务工作,我开始整理导师的部分项目工作底稿并归档。归档工作看起来机械简单,但等我真的开始填写表格时却又存在疑问,比如档案目录里面要求要有发票,归档呈批表里需要填写受理日期与结案日期,律师工作日记中需要填写联系人,我都犹豫不决或者出现些小的差错,所幸我慢慢熟悉了各个表格的正确格式,效率也有了提升。

第三周,我参与了新三板实务项目的申报等工作,之前学习了具体规定、理论、案例,在这一周及时地参与了新三板的实务工作,这种经历让我对证券领域的基础理论知识有了更全面深刻的理解,我才体会到孙律师对我说的"完整地参与一个案例,能够提高对于理论的把握"。这种深刻的印象是机械的背诵难以比拟的。同时孙律师对我的论文提出了很多方向的建议,我准备了一些资料以便撰写论文。

第四周实习接近尾声,我一直没有放下对基础知识的学习,对实务工作也积极参与,这些知识性的提升都很珍贵,但我越来越觉得一个正确的方法论比具体的知识更有用。

4. 实习的主要收获和体会

在这次实习中,我意识到理论知识与实践的差距。在学校里总是直白接触知识,学习的都是基础的理论知识,还没有进行深入的学习与探究。经过这次实习,我深刻地感受到自己专业知识系统的匮乏。作为专业完全对口的工作,对自身掌握的专业知识水平是相当不够的。这次实习,给了我与众不同的学习机会、增强理解和汲取知识的能力。

我的实务导师孙律师为人真诚不古板,工作高效严谨。跟他的学习让我开始反思我自己的问题,关于专业知识,急功近利使我不能静下心来学习,仅凭数日之功不可能有可视的提升,经过这段时间我变得不再浮躁,希望我能静心提升自己,记住速成的只能是消费性的。其次关于自我认识,希望经过法学思维的洗礼,我能坚持独立思考,不随波逐流,不管道路如何走都不忘目标,并有做出选择和从头再来的勇气。

通过这次实习,我发现了很多不足。但也正是如此,我才知道今后应该如何改进,接触到了多方面的知识,也为将来指明了方向。

◎ **自我风采**

　　加入实验班以来,我一直不忘当时在面试中李正辉老师"读万卷书,走万里路"的指点,坚持读书,熟识维斯特洛大陆地形各大家族史,也是一名学习中的阿尼马格斯,担任文艺委员,积极参加全国各地举办的文艺体育户外活动,尽可能地学习和体验,做了新媒体编辑、摄影、乐手和木匠工作。

　　在学习方面,我深知课堂学习的重要性,一直保证课堂上与授课老师思维的互动,感受法学思想的高深,同时积极参加相关讲座,深感法学专业的学习不可脱离实际工作,先后在北京盈科(杭州)律师事务所、全国先进基层检察院蠡县检察院实习,获得实习单位好评,和实习单位的同事、前辈保持了良好的关系。参加浙江省第三届法律职业技能大赛并获得三等奖,赴衢州支教,协助当地团委开展"我的暑假七彩梦想"暑期公益活动。

　　在生活中,我一直以最大的善意接人待物,但不随意拥护或是否定。相信自己逐渐成长为无骄尚之情,体面不盲从的爱国好青年。

◎ **法路思语**

　　法律人时时思考法律是什么，但这个问题从不同的角度可以做出不同的分析与概括，绝非唯一概念可以定义之。

　　无论是部门法还是法理，都是先从概论、概念学起的。每多讨论一次就多思考一次这个问题，每次的结论都有所不同，比如说，我目前认为"人民的福祉是最高的法律"这句出自西塞罗《法律篇》的名言，给出了法律概念的最大公约数，即法律体现大多数人的意愿。自我成为法学生以来花了很多时间去思考诸如此类法律从何而来的问题。

　　自以为这些思考对法学内功之裨益，堪比呼吸吐纳法之于全真派。毕竟理论并非单单是理论修为，而是动脑子。法学生只有知道法律从何而来，形成法学本能，才能自然地站在法律门内随它而去。

浙江赢正律师事务所实习报告

2014 级非诉法律实验班　管敏诗

　　摘　要:该文通过暑假在浙江赢正律师事务所实习状况的描写,介绍了实习单位的状况,对实习的主要过程和主要内容也做了详细描绘,还阐述了实习收获和心得体会。笔者在实习过程中对于律所的日常工作有了大致了解,专业知识得到提升,向前辈学习了很多难能可贵的经验并且能够独立起草法律文书和调取一些证据材料。

　　关键词:单位简介;实习内容;实践;心得

1. 实习单位简介

　　浙江赢正律师事务所成立于 2008 年,是温岭第一家个人律所,台州最具公司化经营理念的法律服务机构。创建人朱文胜,1968 年 11 月生,从事律师职业 20 多年,为人性情耿直,疾恶如仇,富有正义感,另类独行。在浙江赢正律师事务所的眼中,人的生命中总有一些意想不到或突如其来的风风浪浪,不公平的事情随时可能在你我身边发生,一定要坚信邪不压正,正义必胜。而作为一个年轻的律所,赢正也欢迎志同道合的年轻人加入,通过大家的努力,让需要帮助的弱势群体得到更为专业的法律帮助。赢正鼓励勤奋好学、积极向上的年轻人从事律师职业,在快乐的工作中获得更多社会实践经验,丰富人生阅历。他们的信条是:博弈之道,正则赢。

2. 实习主要过程

　　在暑假正式开始的第八天,也就是 2015 年 7 月 12 日,我接到律所朱主任的电话,通知我可以到律所进行正式的实习了。考虑到我是一名法学专业的大学生,对我的专业也有了一定的了解,他安排我本次实习主要以辅助律所副主任叶律师的工作为主,同时了解、熟悉律师事务所和律师工作概况,并且参与到律所的日常工作当中去。

因此,我在律所的实习过程主要包括以下几个阶段:

第一,熟悉我工作环境中的新同事,见识律师的风貌,进行专业知识的自我提升,以便更快地融入律所的工作。

第二,了解叶律师的工作,在自己的能力范围内多多配合叶律师的工作,撰写相关的法律文书。

第三,对律所的日常工作进行尝试,例如复印文件、邮寄材料、查找资料和装订卷宗,同时参与案件的讨论,对所需要的证据材料进行调查取证。

第四,总结实习经过,请实习单位出具实习鉴定并完成实习报告。

3. 实习主要内容

3.1 打印、复印资料

这项工作是我到赢正律所以后做的第一项工作,也是做得最多的一项工作。由于大一时在另一家律所实习时也较多地接触了这项工作,因此我对打印机、复印机的使用都比较熟练,工作效率颇高。与此同时,今年我还学会了一次性对众多文件的复印工作和对居民身份证的复印工作,也算是一种另类的体验和学习吧。

3.2 送取文件

送取文件包括将文书原件送去当事人处盖章,取回,再送去法院,或者调取案件的相关资料。这项工作比较枯燥和呆板,但是在送取了1个多月文件之后,我充分地熟悉了这个城市的公交线路,同时也和当事人与法院有了一些交流并受到了不小的鼓励,这让我很有感触和体会。

3.3 案卷归档

案卷归档无疑是实习生的必做工作之一。做案卷归档,其实只要循着办案程序的思路,理清大致框架,就可以较为轻易地做好。而办案程序的思路无非是:律师函——准备起诉材料(包括授权委托书、证据清单、法定代表人身份证明书、民事起诉状、当事人提交证据材料清单等)——法院判决书——(若判决得不到有效履行)申请执行书(当中还可涉及财产保全申请书和财产保全申请担保书)。整理完上述几份文件,再增加收案登记表就可以大功告成了。所以在归档的过程当中,更多的是需要耐心和细心。

实习的前期,我与同期前来的实习生一起整理了大量档案,全部排序、制作目录、入档、装订。这些工作虽然琐碎重复,但我有之前实习的一定经验,同时这份工作也使我更加熟悉了律师办案的程序和相应的司法程序,一定程度上锻炼了自己的耐心和细心,所以即使有点辛苦,也并不觉得很吃力。

3.4 查找法律相关资料

查找资料对我们每一个大学生来讲都不陌生,在学校时每写一篇论文都要做资料查找的工作,而像 google、baidu、图书馆、期刊网等都是我们所需的资料的来源。类似的,实习期间我在律所查找资料也主要是通过网络、电话的方式,帮助律师搜集案件相关法律法规以及地方政府所做出的具体规定。

初做这项工作时,由于缺乏经验、没有掌握正确的方法,搜集到的资料既不全面详细也不新,而且效率低下。在请教富有经验的叶律师后,我初步了解了资料查询的步骤、范围和技巧,再搜集资料时,效率就提高了很多。

关于资料查找的步骤则是这样的:先是有针对性地对背景材料进行收集和分析,以归纳出查找主题,这一步已经由我的指导律师做好;查找完信息后就应摘录要点并做批注;最后是以文件夹的形式分类保存。资料查找的范围包括背景资料,相关法律法规、司法解释、政府文件,相关学者论著,具体案例中律师的做法和法院的看法等。

资料查找是我比较喜欢的一项工作,因为在工作的过程中可以了解各种不同的法律规定、相关案例以及相关的学术理论,并且可以同律师讨论案件情况。而且这项工作对锻炼信息搜集、整理能力很有帮助。而信息搜集与整理能力在法律实务与学术研究上都是十分重要的。

3.5 调查取证和法院立案

在这段实习的日子里,法院立案和调查取证的工作也占据了很大比例。一般来说,提起诉讼是需要掌握被告的准确信息的,而这个信息,作为原告却不一定都十分清楚。此时律师就非常重要了,因为律师可以用起诉状去法院调取户籍函,然后去各个公安机关或者政府服务部门调取被告及其配偶的信息。作为实习生的我也接手了这份工作,通过调取户籍,我了解了这项工作的法定程序。而当起诉对象是企业时,我就要去工商局调取企业基本资料。这个经历让我知道了企业的基本资料属于公开信息,但是诸如企业变更等信息就要有授权才可以调取。听录音也是一项调查取证的工作,一开始我只觉得非常好玩,就像听英语听力一样,仔仔细细地把所有信息都通过文字反映出来。之后我的指导律师告诉我,通过录音所要得到的是主要信息,而我们听录音的人就要学会对信息进行筛选,从中得到对案情有帮助的信息而摒弃无用信息,通过律师的教导,我也逐渐学会了如何从录音中得到应该得到的信息。

法院立案则是律所的一项日常工作,因为每一天都有各种各样的案子,因此我这段时间也没少跑法院的立案大厅。立案其实是一个比较简单的工作。只要先把起诉状、相应的证据、原被告信息准备好,并且根据被告的数量准备相应的份数,就可以将文件交给法院的立案厅。立案时,要填写证据清单和送达回证,之后拿到受案通知并且根据通知缴纳相应诉讼费用就可以啦。话虽如此,但是通过这个工作,我了解了立案的必要程序,并且知道了立案时间的宝贵性,也即程序的重要性。因为当事人不服地方人民法院第一审判决的,有权在判决书送达之日起十五日内向上一级人民法院提起上诉,否则过了时间,就失去了上诉的资格。我觉得有时候非常简单的事情也能够学到很多。

3.6 起草法律文书

起草法律文书是我1个多月实习生涯中一项比较重要的工作。虽然在学校时,在老师的指导下学习过司法文书写作,但是终究只是纸上谈兵,到了实际应用的时候才发现自己其实并不懂得怎样去写好法律文书。一份高质量的法律文书需要丰富的知识和经验,以及对相关法律知识的运用、配合才能写成功。在撰写法律文书的过程中,我明显感到自己知识的匮乏和经验的缺失。好在我的指导律师叶律师给了我悉心的指导,让我领悟到了法律文书写作的基本注意事项和相关技巧。

通过对法律文书写作的学习和练习,我认为要写好法律文书需要注意以下几点:

第一,要充分理解当事人的意图和目的。在下笔之前首先应该分析现有资料和事实,加强与当事人的交流和沟通,不能凭着自己的想法空写。当然,也不能一味地依从当事人的意志和愿望。在和当事人的交流中,辨别当事人话语中的真伪和可行性,还要融入自己的见解和知识,用法律的语言将当事人的意志和愿望充分地、创造性地表达出来。

第二,在书写格式上,要遵循法定或通行格式。公安部、最高人民法院、最高人民检察院都颁布过关于法律文书格式的规范,律师在书写时一定要进行参照,特别是向各级人民法院、人民检察院呈送的诉讼文书和正式的合同协议、遗嘱等一定要遵循法定或通行的格式。

第三,在文书内容写作上,一切要以事实为依据,以法律为准绳。律师在进行法律文书写作之前应该要先对可能涉及的法律规定进行确认,认真研究案件事实情况,对涉案的法律关系详细分析和确定。在内容上努力做到准确、全面、深刻。尤其是在法律上要经得起推敲和考验。切忌事实表达错误或含糊不清、法律运用错误或有重大缺陷。同时要求主题明确,法律逻辑清楚,表达简练流畅。

总而言之,起草法律文书是一项技术含量比较高的工作,既锻炼头脑,又锻炼文笔。通过起草法律文书这项工作,我感觉到自己的写作能力、逻辑思考能力、综合运用资料的能力以及法律适用能力都有了很大的提高。

3.7 观摩庭审

这次实习,我在指导律师的带领下有针对性地观摩了两次庭审,一次民事案件和一次刑事案件。通过观摩庭审,我了解了庭审的各个环节,学习了正当而标准的司法程序,认真观摩了律师举证、辩论等全过程,同时也知道了庭审时作为听众应该遵守的规定,真正从课本中走到了现实中,从理论环节回到了实际生活。

3.8 其他工作

还有一些琐碎的工作,比如跟随叶律师会见客户、处理各种电子表格、收发传真、摘取调查笔录、寄取邮件等。

4. 实习收获与心得体会

在这为期一个多月的实习中,我最大的收获就是真正接触到律师事务所的工作,对一些基础工作也能够得心应手地处理,与此同时,除了实践能力的提升,我也学习到了许多在校园内难以得到的经验和教训。作为一个刚刚入学一年的法科学生,我认为这种经历是非常宝贵的,它让我提前见识到了自己的专业知识在实际过程中的应用,也为我将来踏入社会做了很大的铺垫。

首先,在实习过程中,我认识到仅仅依靠学校学习的知识储备是远远不够的。先不论我作为一个大一学生本身所接触的知识就比较贫乏,学校所教授的知识也往往侧重于基础,并没有对其进行深入学习。而在踏入律师事务所后,由于每一个律所对于专业的侧重都不同,律所相关的专业知识就要努力提升,深入钻研了,与此同时,像《公司法》《合同法》这类应用广泛的法律条文则必须通读。这段实习时光,督促我更好地提升自我,努力提高自己的专业知识和自学能力。

其次,我认识到在律师工作中,效率是一个非常重要的东西。没有比在律所工作更能深刻地体会到律师们的时间是多么宝贵了。在一天里,律师们此起彼伏接电话打电话的声音,提着公文包进进出出的身影无不在表达着不浪费一分一秒的信念。犹记得我的老师有一次一天内接到三个案子并且需要在三个工作日之内完成,连午饭时间也是在电脑前度过。然而这并不是说律师的工作只是一味追求迅速而不顾及其他,时间固然宝贵,但是效率同样也包含着质量,像律师助理完成的文书一般会由律师仔细检查一遍后再上传,一份合同的修订往往是两个律师一同完成的。在这样高效的环境中,我也渐渐收起了自己相对散漫的作风,让自己抓紧时间,把完成工作的速度和质量都提升上去。

再次,我觉得在实习过程中,应该怀着一颗谦虚的心和感恩的心。当我们迈入工作场合,我们所面临的都是比我们经验丰富而且能力强得多的前辈,法律工作更是不能例外。在我实习的这段时间,且不论复印文件、填写快递单这类可以自己摸索的最简单的工作,像装订卷宗这类基础工作,也是需要前辈给予一定指导的。而跟随律师前辈去公司调查取证,研读案件材料之后进行讨论甚至自己独立完成工作,更加需要前辈们的帮助,我认为不要感到羞怯也不应自恃过高,虚心向自己的老师和前辈询问才能够收获最大。不要畏惧犯错也别担忧前辈们会对你失去信心,这是我自己的体悟。我发现只要态度端正,始终怀着一颗谦虚好学的心,各位律师前辈都愿意以最大的善意包容并且将自己所学都教授给你。感恩的心则更不必说了,前辈们没有义务教授知识给你,而我们目前也没有什么可以回报这些无私,因此感恩的心是必需的。无论何时何地,只有有一颗感恩和谦虚的心,才能收获更多,走得更远。

最后,也是最重要的,我认识到了在工作中没有比合作二字更加重要的了。学会与人相处才是成功的前提,我的老师第一天就将我介绍给了律所所有的律师,而另一位金律师则告诉我短短的时间能学到的知识毕竟有限,但是能够熟悉更多的人才是最重要的。正因为有了他们的帮助,我认识到了必须要学会与人合作甚至主动寻求前辈的帮助。在自己学习的过程中遇到难题,我会主动询问附近的前辈,也会帮助他们做一些整理卷宗之类比较基础的工作。这样一来,我认为双方的效率都有所提升。而在最后我要独立为那个民间借贷的案件收尾之时,老师给了困惑中的我一些线索,和我一起实习的一位学姐帮助我查询相关的法律条文,一位前辈也为我指点了一些关于程序上的注意点。虽然这个案件对于各位前辈来说比较简单,但是初出茅庐的我独立完成其实还是有些困难的,因为有了帮助与合作,所以我才能顺利结尾,为我的实习画上一个圆满的句号。总而言之,我看到了一加一大于二的力量。

通过这次实习,我认识到了自己的优势和不足,也学习到了很多在学校里难以学到的经验和教训,感谢浙江赢正律师事务所给了我这次很好的机会,我收获颇丰。

◎ **自我风采**

我是 14 级法学非诉实验班的管敏诗。

我对待学习认真负责，并且取得了不错的成绩，很有探索精神，对于好奇和感兴趣的东西都会执着寻求答案，有责任心，对于自己负责的所有事情都努力做到尽善尽美而不拖沓，而且内心对法律存在着不灭的热情，希望以自己的努力来不断寻求法律的真理，但是我不够勤奋，自制力不强，容易分心，而且对于不吸引自己的东西充满抗拒，也不喜欢任何人逼迫自己做事，不过虽然改正自己的毛病很难，我也会努力去克服。

获得的荣誉：

法学院"爱我中华，心系国防"演讲比赛三等奖

大一、大二均获校奖学金

大二获"优秀团员"称号

法学院学习型公寓比赛一等奖

浙江省第三届"勇往杯"模拟法庭比赛三等奖

第一届华东高校法庭辩论赛三等奖

◎ **法路思语**

从踏入浙江财经大学法学院的那一刻开始,我就常常以成为一个合格的法律人的目标严格要求自己。对我而言,法律不仅仅是一个值得为之拼搏的专业,也是梦想的寄托。历经三年的学习,对法律从憧憬到有了更加清醒而深刻的认识,我看到它优雅又迷人,也知道还有更加浩瀚的知识等待我去探索,路漫漫其修远兮,吾将上下而求索。

律所实习感悟

2014 级非诉法律实验班 黄淑敏

摘 要：暑假实习期间，在实务导师及律师的指导和帮助下，笔者了解了律所非诉业务的工作流程，特别是上市公司法律文书的准备程序，例如：上市公司法律文件的准备，底稿的整理，金融证券法律文书的检索等。在此过程中，笔者认为要做一个合格的法律人，就要将法学理论与律师务实相结合，不断地丰富自己的实务经验。只有这样，才能胜任毕业后的法律工作。同时，通过假期的实习工作，对自己的在校学习也有了更清晰的认识，为以后专业方向的确立，也为将来踏入社会做好非诉讼业务奠定了基础。

关键词：法律实践；非诉业务；证券业务

进入律所的第一周，我跟着实务导师手下一位年轻优秀的女律师——朱律师，开始了工作。这次我们进入了一家证券公司，筹备这家公司补充法律意见书的半年报，而这家公司的 IPO 项目之前也一直是上海锦天城律师事务所在跟着的。跟着驾轻就熟的朱律师，在她的指导下，我很快明确了这次进公司我的主要任务以及需要掌握的有关情况。我的日常工作主要是收集公司方面提供的底稿，包括电子稿和纸质稿，这些底稿来自与公司息息相关的各个部门，包括营业部、子公司分支机构等。在收集底稿后，将这些底稿的主要内容在备忘录上记录，并将其中不同类别的资料进行统计，统计完了之后将不同的文件进行分类归档。最后，也是最为关键的一步就是法律意见书的修改。前面收集的各种底稿就是进行更新补充法律意见书的依据，我要根据收集过来的底稿判断是否需要更新法律意见书，对于那些需要更改的地方，根据底稿的具体内容再结合法律意见书原有的文本格式对补充法律意见书进行修改。

为了我之后便于进行工作，朱律师建议我先熟悉财通证券的历史沿革以及现有的主要股东、子公司以及营业部等基本资料。之后朱律师给了我一份财通自设立以来重大变革相关批文的清单，让我找出这些批文并进行复印整理，面对整整两大柜子的底稿资料和里面一个个厚重的文件夹，我开始找批文，在找这些批文的过程中也顺便了解了财通的一些基本信息以及经历的一些重大的股本变革。经过查找，我终于找全了所有的资料并完成了属于我的第一项任务。

实习的第二周，主要工作还是延续上周的底稿整理、更新法律意见书的工作，但其间也接触了另外一家公司上市的法律意见书的更新。这家公司是宁波的一家做汽车动力系统的公司，由于它的成立时间较短，公司内部的组织结构相对简单，改制为股份有限公司的历程也较为简单，基本信息量较小，也没有太多复杂的批文和文件，所以接触后相比于财通证券的会简单很多。由于在第一周时对更改法律意见书的这个流程已经大致掌握，再加上这次收集到的底稿文件还相对较少，所以这次修改法律意见书、制作总汇表格看上去也更加轻松了一点。差不多花了两天的工夫，我对这家公司的文件进行了汇总统计并根据这些底稿资料对法律意见书进行了初步的补充和修改。

除此之外，这周还开始学习了一些其他小的技巧，处理了律师在公司做上市工作时经常接触的一些事务。首先便是制作公司的股权架构图，股权结构反映的是在股份公司总股本中，不同性质的股份所占的比例及其相互关系，而制作股权架构图便能很好地反映这种关系，清晰明了地展示了企业的股权架构。虽然这是一件在 word 上就能够完成的简单工作，却也有着自己既定的格式与符号。律师在查验我的制作成果时也会注意很多的细节与格式，先开始制作的时候，由于并不熟悉操作，导致进展非常慢，再加上我有些细节上处理得不是很好，做出一个股权架构图要花费比较多的时间。但是朱律师却比较耐心地教我要注意哪些方面，包括它的格式以及文本的设置等。这让我知道了，即使是一件很小的工作也要尽量在相对短的时间内做出最好的效果。

进入实习的第三周，工作是补充、修改了一家公司的股权激励计划书。同样的，朱律师发了我一份其他公司的股权激励计划书，先让我好好学习观看一下，然后根据它的一些格式与内容，把我认为好的方面按照公司的实际情况添加进它的股权激励计划书当中去，并修改成一致的格式。想要修改制作好这份股权激励计划书，前提当然是必须看懂，这对之前完全没看过相关材料的我来说，需要查阅大量的资料，还要在一些细节上把握。所以，完成这件工作后令我高兴的是，自己又学习到了关于公司股权激励方面的一些知识，并了解到了它对于一个公司的重要性。期间，我还学习了另外一个小的技能，那就是学习如何进行核查股东人数。看似简单的一个核查股东人数的问题，起初以为只是在网上查一查股东的构成，一级一级查下去就好。可是真正等到自己来做的时候才发现里面的技巧和要注意的细节有很多。穿透核查主要是为了核查股东是否超过 200 人。一般来说，穿透的基本原则是穿透到自然人和国资委。同时还要排除股份有限公司里新三板和上市公司,并且股份有限公司里成立时间较短、专为入股而设立的也需穿透。核查股东人数的意义在于避免"突击入股"的状况出现,规避公开募集资金的嫌疑。看上去简单的一件事情实际上却在很多细节上阻碍了我进行下面的工作,每一个公司都需要去判断是否需要核查,同时核查的范围还应该全面,从一级股东开始核查,到二级股东、三级股东,直至核查到不需要穿透为股东的企业为止。

实习的最后一周,来了一个新的实习生接替我的工作。这个新来的实习生学姐是研究生,很是温柔亲切。我在交接工作的过程中,大概从头捋了一遍自己这几周来理的资料,发现了一些错误的问题并进行了纠正。

由于工作流程相对较为简单,实习生学姐很快就掌握了大致的流程。之后在休息和吃饭的时候跟实习生学姐交流,她告诉了我很多考研的经历和经验,并鼓励我要去多尝试才能找到最后真正适合自己的工作。

这周除了和实习生学姐一起整理底稿之外,还整理了一些公司新增以及续约的租赁合同。此外我还根据律师提供的资料制作了一个PPT,这个PPT是为了律师对外讲课用的。在制作PPT的过程中,我也学习到了很多关于公司并购方面的知识,了解了几个较为典型的案例。知道了并购其实并不像之前我所理解的那么简单,它有很多不同的模式和需要注意的方式。让我印象最为深刻的是公司反并购的方式,看着不同方式反并购的具体内容以及实际的案例、最后反并购的结果,更让我觉得各种公司之间关于并购与反并购的斗争真的可以用精彩来形容。在瞬息万变的资本市场里,企业的领导者、投资者要是稍有不慎,可能就会陷入另一方的吞并陷阱中,丧失领导权,同时可能多年来的辛苦经营成果就会付之东流。

此外,在空闲的时间,律师还叫我去学习一下红筹以及VIE架构。起初听到这两个名称简直是一头雾水,根本摸不着头脑。后来看了很多的资料,也做了一些总结,总算是在自己的努力下知道了一点皮毛。与此同时,也暴露出自己在这方面的短板。

在这次为期四周的实习中,我最大的收获就是对非诉基本业务中的公司上市业务有了更进一步的了解。并对一些工作能够独立进行基本操作,完整地完成一件事情。相比于大一暑期的实习,我觉得这次的实习让我收获更多,在提高了自身专业水平的同时,也学到了许多学校里学不到的经验与教训。作为一名即将大三的大学生来说,这次的暑期实习为我今后更好地投入到专业知识的学习指明了方向,也无疑成了我踏入社会前的一个很好的试炼。

首先,这次实习让我真正地了解要成为一名非诉律师,应具备的能力有很多。不仅需要扎实的理论基础,还要有运筹帷幄的掌控能力和处变不惊的社交能力。就比如这次证券上市的准备工作，一家公司的上市往往需要筹备几个月甚至更长。面对众多杂乱无章的底稿资料，律师不仅要分门归类地整理好，更重要的是要对这些资料的内容有一个基本的把握。这不仅是对非诉律师的细心与耐力的考验，更是一场记忆力的比拼。而在公司上市各项筹备事务中，非诉律师还要与工商、证券、政府等各个有关部门的人员沟通协商。与此同时，这次实习也让我深刻地感受到自己知识的贫乏，对有关特定专业知识的了解也只是皮毛。这次非常特殊的学习机会，也让我明白学好专业知识及提高自己专业素质的重要性。

其次，在这次暑期实习中，我更多的学到的是律师们严谨做事的态度和对自己工作高度的责任心。作为一名具有专业素养的律师，就不能放过任何法律文书上的小瑕疵，对文档的格式也有着严格的标准。同时对各项事务的审核也要一再确认，法律文件一旦生效，往往失之毫厘就会谬之千里，也会给当事人带来巨大风险。所以在这一点上，律师们的严谨精神和责任心很令我佩服，也是值得我终身学习的。

最后，来到律所后我发现最重要的一点是，理论基础和社会实践必须结合才能做好一个律师，纸上得来终觉浅，绝知此事要躬行。在所能接触到的律所项目中，观察着律师们得心应手地处理案子我才发现自己知识的匮乏和实践的浅薄。学无止境，我对自己知识储备的不足感到羞愧，但同时我也很庆幸能发现自己的不足和差距。在律所和公司里帮律师整理资料、为上市公司核查清单、填写工商资料、查找法律依据、查询材料等，在这些工作中逐渐开始培养自己独立发现问题、分析问题、解决问题的能力，巩固了已学的知识，也发现了不足。更重要的是我得到了锻炼，获得了很多宝贵的经验和知识。

现在回想起自己在律所实习的这一个月，发现虽然早晚奔波但每一天都过得平凡而充实。虽然平凡，但潜移默化中，我知道我在进步。同时通过这次实习，我更清楚地了解自身的优势和不足，学会了很多学校里学不到的知识，为我今后的专业学习理清了思路和方向，更为我今后步入社会打下坚实的基础。

◉ 自我风采

　　我是浙江财经大学14级法学非诉班的黄淑敏，现在正以一名交换生的身份在华东政法大学交流学习。

　　个人性格较为开朗，对待生活保持着一颗积极向上的心。遇事能够理性地思考问题，但有时却比较固执，执着于坚持自己的想法。大学的课余期间，我热衷于参加各种校内外的志愿者活动，也加入了志愿者协会成为一名干事，大二成为组织部部长，组织、带领了干事参与了一些活动。班级里，大一曾任心理委员，也组织过主题班会及有关活动。学校社团组织方面，大一加入校级瑜伽俱乐部，大二成为表演队队长主负责管理瑜伽社团对外表演及相关培训，并受邀参加了校内外的各种晚会及颁奖典礼，带领社团荣获优秀体育俱乐部称号。这些活动培养了我的活动组织能力以及与外界的沟通协商能力，对我的个人能力有了很大的提高。我坚信，这也是我学习道路上的一笔可贵的经验与财富。

　　获得的部分荣誉如下：

　　浙江财经大学法学院2014级学生军训国防演讲比赛二等奖

　　浙江财经大学团校法学院第十八期培训"优秀学员"荣誉称号

浙江财经大学青年志愿者协会"优秀干事"荣誉称号
浙江财经大学法学院第六届学习型公寓建设之专项课题报告会一等奖
2014—2015 学年"优秀学生二等奖学金"
2014—2015 学年"国家励志奖学金"
2015—2016 学年"优秀学生三等奖学金"

◎ **法路思语**

　　作为一名法科生,要想成为一名合格的法科生,在我看来是任重而道远的。近三年大学法律的学习,我们所学得的仅为沧海一粟。只有不断地学习探索,不断地开阔视野,学会将理论运用于实践中,才能真正地成长,到达成功的彼岸。而我们,仍在路上。

上海锦天城律师事务所杭州分所实习报告

2014 级非诉法律实验班　李嘉敏

摘　要：大一暑期实习期间，与实务导师以及其工作团队的共事和学习，使笔者提早接触到实务工作的深刻层面。众多实务知识着重来源于 IPO 流程参与以及新三板文件整理，当中也包括细致的实物事项，这些亲身参与过的经历也都在问题解决中升华为宝贵的知识和经验。

关键词：新三板；历史沿革；政府证明；专利检索；承诺函

1. 实习单位简介

上海锦天城律师事务所是 1998 年初成立的，是迄今为止上海市最大规模的国内综合性合伙制律师事务所，连续七年在上海市律师事务所规模和业务创收的两项指标排名均位居全市第一。

锦天城律师事务所（锦天城）是一家提供全方位法律服务的、全国领先的中国律师事务所，在北京、杭州、深圳、苏州、南京、成都、重庆、太原、青岛、厦门、天津和中国香港设有分所。锦天城是唯一一家总部设在上海的全国性律师事务所。锦天城致力于在瞬息万变的商业环境中为境内外客户制定高水平的法律解决方案并提供高效率的法律服务。

锦天城系国内综合性合伙制律师事务所，业务创收七年居上海市第一。本所由前华东政法学院院长，中国国际律师培训中心主任史焕章先生任主任，33 名资深律师组成合伙人管理层。锦天城拥有律师及助理共计 240 余名，其中注册律师 137 名。在注册律师中，具有博士学历的律师 24 名；具有教授、副教授、法学硕士学历和中级职称的律师 87 名；有 58 名律师曾在美国、英国、德国、加拿大、澳大利亚、日本、法国、中国香港等地留学或具有国外律师从业经历。同时，锦天城还专门聘请了一批曾从事过中国对外贸易经济法规的起草、决策工作和有关国际公约改制的专业人士及证券法方面的权威人士作为锦天城的特别顾问。因此，高层次的专业人才资源成为锦天城向社会提供优质法律服务的根本保障。

锦天城多次被司法部、地方司法局、律师协会以及国际知名法律媒体和权威评级机构列为中国最顶尖的法律服务提供者之一,位居全国十大品牌律师事务所前列;多次获得中华全国律师协会颁发的"全国优秀律师事务所"荣誉称号以及上海市司法行政系统先进集体、上海市文明单位、上海市司法局集体三等功、浦东新区文明单位、浦东新区司法行政系统政务信息工作一等奖等荣誉。此外,锦天城在杭州、深圳等地的分所也多次获得当地优秀律师事务所和先进集体称号。

Asia Pacific Legal 500 曾在《中国商业律师事务所指南》中评价锦天城是一家外商直接投资、公司和商业法律领域顶尖的上海律师事务所,是"其他律师事务所希望成为的公司和商业律师事务所"。

《亚洲法律杂志》(ALB) 在其每年举办的"中国法律年度大奖"中多次授予锦天城重大奖项和提名。

近几年来,锦天城所获奖项和提名包括"中国律师事务所大奖""上海律师事务所大奖""年度最佳中国公司法务"等综合性奖项和各主要业务领域奖项。曾获得"年度管理合伙人奖"提名和多次"中国律师事务所最佳雇主"称号。

钱伯斯法律评级机构(Chambers and Partners)近期授予锦天城连续三年"领先中国律师事务所"证书。

锦天城律师事务所能够为跨国公司、跨国金融机构、外商投资企业、国家机关和国内外企事业单位和个人提供投资、贸易、知识产权、金融(银行、证券、信托、保险、期货、基金)、金融信托产品设计、MBO 全程法律设计、资产证券化法律设计、技术转让、房地产、公司筹建、兼并、海商海事、国际融资、股权转让及民事、刑事等各方面的诉讼和非讼法律服务。

为了适应世界经济一体化、法律服务国际化的需求,锦天城加盟了世界律师事务所联盟——Terralex,成为该世界联盟唯一的中国成员。同时,锦天城已同包括美国、加拿大、英国、法国、荷兰、比利时、澳大利亚、新西兰、新加坡、中国香港、中国澳门、中国台湾等国家和地区的 130 多家律师事务所建立了良好的合作关系,并培训了一批来自国外的律师,他们回国后均从事与中国事务相关的法律方面的工作。此外,锦天城系中国长江律师(业务)联盟上海地区唯一成员,该联盟由内地(大陆)与港澳台各大城市 22 家著名律师事务所组成,构成跨地域的法律服务网络。因此锦天城能够协调众多国内外专业机构和人士,为客户提供全方位、多领域的法律服务。

锦天城办公场所分设花旗集团大厦、金茂大厦两处,总面积达 3000 余 m^2。事务所内部计算机全部通过局域网络相互连接,拥有先进的文印系统、信息资料系统和网络通信系统,并且在国际互联网上拥有自己的顶级网站。锦天城拥有中、英、日三种文字的《中国法律政策动态》《金融·律师》《经法周刊》《房地产沙龙》《知识产权论坛》等内部刊物七份,定期免费提供给锦天城客户。现代化的办公场所和一流硬件设施为锦天城带来完善的物质保证。

上海市锦天城是一家能够为广大客户提供全方位法律服务的综合所。锦天城尊重及接受来自不同语言、文化及政治背景的客户,锦天城的律师能以世界各主要语种,如英语、德语、法语、韩语、俄语、日语等,竭诚为客户提供各项法律服务。他们的服务宗旨是"优质、高效,诚信、敬业"。在处理新的及复杂的法律问题方面,他们一定会做得更完善。

2. 实习主要过程

在大一初始,法学院李政辉院长就曾说过要为非诉实验班的学生安排暑期实习,而当时对我来说"暑期实习"只是一个名词。说来也是幸运,法学院的领导与杭州几家律所联系,共同构成了现在的实务对口连接。而我在多家律所的权衡中,选择了上海锦天城。我自己赋予这次实务实习的主要意义很是简单,就是"学习和体会"。

在我与实务导师的沟通后统一了意见,认为应该将我真正视为应届毕业实习生锻炼,所以在实习过程中我真正有机会深入现场工作。

实习过程主要包括以下几个阶段:

(1)整理浙江星光发电设备有限公司历史沿革;

(2)参与浙江荣晟环保纸业IPO现场工作,熟悉工作环境和与客户打交道的方式;

(3)查阅法规法条,进行法律检索;

(4)进行政府走访,开具部分政府证明;

(5)整理公司进货表格,修改律报合同部分;

(6)整理现场底稿,理解非诉底稿的内容和意义;

(7)参与浙江花集网新三板工作,整理承诺函和底稿,感受实务工作。

3 实习主要内容

实习报到当天,我与同在锦天城实习的两位同学先去了行政管理处的负责人陈姐那里,陈姐是实习生管理岗,所以陈姐负责我们实习期间的一切事务。首先陈姐先带领我们在律所参观了一圈,过程中向我们简单介绍了律所的发展现状以及基本构架,使我们大概了解了锦天城的工作背景。

实习第一周刚刚开始,我被实务导师分配到了他小组下的陈律师处。我所在的工作小组主要负责公司上市即 IPO 事务,这也正与非诉业务的核心接轨,使我心里隐隐有些许期待。我的第一件任务便是实习生最常见的"跑腿"——送文件,内容是让我将文件送到另一位律师手上并让她签字。完成后回到律所,陈律师便让我进行第一件真正意义上的实习工作——整理历史沿革。在对此项工作一无所知的情况下,陈律师的范本便成了我模仿的对象,这也让我学习到历史沿革的整理方法和技巧。大约两天的整理,工作完成了。接下来陈律师便派我跟他一起到嘉善出差。作为一个只在父母工作生活中听到过出差这个词的人,我此时的心情是十分兴奋的,甚至可以说是迫不及待的!这次出差的目的便是对一家股份有限公司的上市工作扫尾。在三天的出差过程中,我所负责的最主要的工作便是政府走访和证明盖章的工作,即上市公司的上市文件中包含的一项非常重要的工作,一般在末尾工作中进行。政府的走访是律所对政府相关人员进行简单的问卷访谈以便证明股份有限公司的相关合法性,而其中最具锦天城特色的就是要进行照片记录,以此更加直观地证明走访、访谈的真实性;而政府证明即是对股份有限公司相关法律文件的肯定和官方认定,给予股份有限公司上市重要的文件支持。陈律师在第一天的示范下使我熟悉了流程,在与这家有限公司的财务总监共同工作时展示了锦天城的工作姿态。出差任务中还穿插着帮助另一位律师整理文件的工作。

实习的第二周主要是上周工作的继续,毕竟一件上市业务的进行周期较长,而我也可以借此尽可能完整地参与上市工作。这周开始,团队的另一位律师金律师给我分配了一项任务,即整理一家有限公司的政府证明。之后,继续投入上周的工作中,首先是整理股份有限公司的进货表格,之后我独自一人第一次去了省工商局开股份有限公司无违法证明和股权无质押证明。随后依然是去嘉善出差,其间整理了股份有限公司上市的文件、政府走访和开证明以及修改律报合同部分。最后在周末帮助陈律师在网上做了一家公司的专利统计。

第三周是在第二周完成股份有限公司上市文件整理最后阶段前提下跟进另一项业务,而这项任务又是一项全新的挑战,即公司新三板。对于新三板,我的另外两名同学在实习过程主要就是以文献资料和法条形式进行简单了解,而我在没有任何理论基础的情况下直接以实务接触,所以在业务进行之初,我向负责的律师了解了情况,对于接下来我要处理的问题有了一个大致的认识。在新三板的工作中,我主要是负责有限公司新三板中最冗杂的底稿整理部分和承诺函部分,整理底稿对于我这样的初学者来说是一件非常宝贵的工作经验,因为底稿包括大大小小、各式各样的公司事项以及可以直接明了地展示出新三板的工作需要收集的资料,包括最后整理的表格模板也是十分细致和全面的,而这也使我对新三板的工作更加上手。

4. 实习的主要收获和体会

在这次八周的实习中,我最大的收获就是对公司上市基本业务有了大概的了解,并对一些业务能够进行基本操作。在提高专业水平的同时,其他方面的收获也是非常大的,学到了许多学校里所学不到的经验与教训。作为一名最终要走出校园的大学生,这次的暑期实习无疑成了我踏入社会前的一个很好的试炼,为我今后更好地投入工作指明了方向。

首先,我认识到法学理论知识与法律实践结合的重要性。在学习法学基础理论知识的时候,我们只是结合案例进行分析,并没有进行深入的探究。通过这次实习,让我深刻地感受到书面案例和真实案例之间的差距,实习中的案例要比平时学习的案例复杂许多,也从另一个方面让自己认识到还未系统地掌握法律专业知识。

其次,我学会工作中应具有高度的责任心。底稿的整理十分需要耐心,绝对不能马马虎虎,因为这关系着上市或者新三板业务成功与否,可以说是最庞大的工作部分,所以是非同小可的,出现一点点的错误也是不负责任的表现。身为律师,应该沉下心来,带着责任与工作理念以及律师最重要的执着品质去一丝不苟地完成每一项工作。

还有,严谨与细致是无处不在的,更加是决胜的。在实习第一件工作交到我手上的时候,我更多的是关注于陈律师向我分配任务时的语言组织。因为在我对律所业务一无所知的情况下向我描述文件性质以及处理方式是非常考验我的理解能力的,如果说得太过严重,对于一位大一新生,那样的实习开端并不是一件那么令人愉快的事情。但是陈律师的语气让我印象十分深刻,他就像一个长辈教导晚辈的姿态向我描述一个我没有处理过的事情,这就让我有了勇气,可想而知,这就基本奠定了日后融洽的工作氛围。不仅如此,在文件归类以及数据统计整理中,仔细是一项极其重要的素质,这其中包含责任感和使命感,是对委托方的交代。

最后让我学会如何与人相处。在实习过程中,接触时间较长的有三位律师,这三位律师让人十分敬佩的首先便是他们对待每一位客户的态度——直接。在工作中,尤其是像律师这样一直处于一线工作岗位的人群,经常与各种人打交道,而直接才是以不变应万变的方法,因为大家只有一个目标,就是最好地完成这项工作,所以只有秉持专业、直接戳中重点才是最让人佩服的专业素质;与各种人员接触,最好的办法就是以专业态度作为第一解决办法,而后学会妥协,这也是最令我感到不适的一点,可是在社会中却是必不可少的心态。

这次实习让我更清楚地了解了自身的优势和不足,浅显体会到一个在社会中工作的律师每天生活的环境,学会了很多学校里学不到的知识,更为我今后步入社会打下坚实的基础,而我也认为我当初制定的"学习与体会"的目标完成得很漂亮。

◎ 自我风采

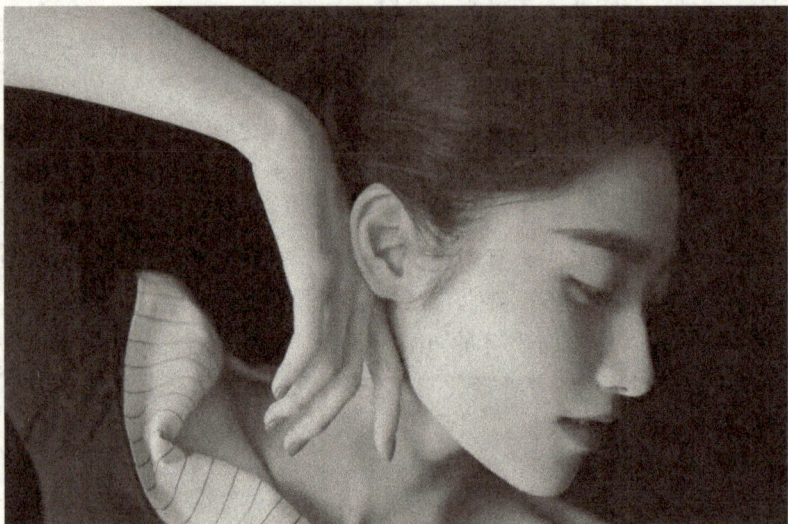

说到自己,有人可长篇大论,有人可博著一书,于我,三言两语都是对我莫大的考验。但是在此情景,若是一言不发,怕是多年后我自己都会忘了此时的我是什么样的。

简而言之罢了。

从渐渐觉得自己清醒知道自己是谁的时候,从慢慢学会放下一些无所谓的执念的时候,此时的我,21岁的我,应该是目前最好的我,而现在的我也是一个希望将来那时那刻都能像彼时彼刻这样拥怀当下的我。

大学以来有且不限于的荣誉

第一学年:

校级军训优秀个人

院十佳歌手比赛第四名

五校联盟歌手比赛优秀奖

参与院毕业生晚会、院圣诞晚会表演、校庆合唱表演、五四晚会合唱表演、合唱团专场演唱会、校毕业生晚会合唱

担任本学年班级团支书

第二学年：
浙江省大艺展合唱团体一等奖
学习型公寓一等奖
参与校毕业生晚会、"五四"青年晚会活动
校艺术团成员五级优良
学习型公寓结题
行政法课题立项
"财经法律探索"研究课题立项

◎ **法路思语**

再次简而言之(此时的我依然稚嫩)：
从此，看一个人不只是听其言，更重要的是观其行；
从此，不对别人说你凭什么，而是说你的请求权基础是什么；
从此，知道民告官不需告御状，而是领导也要和我一样坐在法官面前。

浙江星韵律师事务所实习报告

2014 级非诉法律实验班　李婷雨

摘要：作为法律学子,成为一名优秀的律师可能是每个人的梦想。作为律师最重要的是学会处理法律实务,律所的实习是一次理论与实践的结合。大学期间在浙江星韵律师事务所的学习使我受益匪浅。整理案宗、拟写诉状、修改合同、法院旁听……每一个部分都真切地关系到案件本身。法律不仅仅是枯燥的条文,更重要的是如何应用到每一个真实存在的案件中,去更好地服务客户。

关键词：律所实习;法律实务;应用

1. 星韵简介

浙江星韵律师事务所(星韵),始创于 1985 年 1 月 5 日,原名杭州市第二律师事务所。首任主任曹星律师,曾任杭州市律师协会第一、二届会长,浙江省律师协会第四、五届副会长,中华全国律师协会民事专业委员会主任。现任主任吴清旺律师,法学博士,浙江大学法律硕士(JM)导师,中国国际经济贸易仲裁委员会仲裁员,杭州市中级人民法院咨询专家,杭州市人民政府法律顾问团成员。星韵现有合伙人、执业律师、实习律师、律师助理和行政后勤保障人员 40 余名,其中 6 名律师具有博士学位。

星韵律师注重法学研究,在《现代法学》、人大复印资料《民商法》等全国性期刊上发表论文 100 余篇,出版了《与梦想握手——曹星大律师和年轻人聊成才》《星韵律师实务》《星韵律师实务精选》等一批优秀法律实务专著,展现了星韵律师的办案艺术。星韵始终秉持"厚德尚法"的办所宗旨,注重专业分工及团队精神,以维护客户合法利益为己任,以全方位、便捷、经济、务实的方式为客户提供专业的法律服务。

2. 实习周记

进入律所的第一周,主要是熟悉律所律师的基本业务。几乎每天心情格外激动,深深地被律所的每一位工作人员的精神震撼而又折服,他们一个个紧紧皱着眉头思索自己手头上的任务,对自己的案子和当事人高度负责,我喜欢这里。而我的任务比较简单:整理案宗。李律师拿出一沓案件卷宗,我需要根据证据清单排列卷宗的顺序。其余的时间我在帮着师姐找资料,整理一些劳务派遣的案件,并且从相关网站上找到了劳务派遣协议书的格式,看了我国相关的法律规定与司法解释,觉得自己对劳务派遣也算略有了解了,加上在大学期间修读的劳动与社会保障法课程,师姐交给我的任务我还是可以应对的。周三旁听了客户咨询过程,并且整理学习了有关婚姻法的法律与司法解释,并且了解到与客户交谈的技巧,增加了自己的实务经验。本周收获颇丰:证据清单的写作格式、法官对于某一些案件的看法、跟客户交流时所用的态度与技巧等等。

第二周主要实习内容:听讲座、写诉状、修改合同。我们实习生要跟从一个律师一起学习关于P2P线上线下的融资模式与民间借贷的关系。做笔记、提出问题、在讲座之后也跟师兄师姐讨论了一番,觉得大家一起学习并且交流是一件极其快乐的事情,思想的交流互相激起火花,产生新的思路互相促进,这次的讲座学到好多,获益匪浅。周二时,李律师用手机给我发了几张图片(证据材料)交代了我的任务——写办案计划与证据清单。经过第一周的案卷整理,我早已熟记证据清单的格式,又在网上搜了下关于办案计划的格式。实际处理案件,增强实务能力。周三师姐给了我三份合同要求我进行修改,具体的细节包括我代表哪一方,什么类型的合同等。对于不熟悉的地方先从网上查找,看看别人的经验:明确合同类型,看合同题目,熟悉当事人,找关系。第四天师姐将一份合同作为案例给我讲解了审查合同的具体步骤与关键,之后我进行了系统的整理。每一天都有收获,有进步,距离自己的梦想也更近。

第三周主要是与其他律师事务所进行交流学习。我们律所一个团队接到一个关于房地产的案件,但是这个领域并不是我们律所擅长的领域,所以我们律所决定到另一家专门处理房地产案件的律师事务所进行交流学习。律所接这个案件的团队还有我们实习生都一起去了。到对方律所后,我们参观了那个律所的整体布局、他们的律师队伍以及办过的优秀的案件。之后我们大家一起到一个会议厅进行沟通,并将我们的房地产的问题抛出,他们的律师也耐心细致地进行讲解。剩下的几天,我还是在律所进行学习,因为律师跟师姐去上海出差了,临走的时候布置了任务,我在这一周的剩余几天里,要整理案件,修改合同。这几天遇到的问题,也都一一记录在笔记本上等到他们回来再请教。

第四周是律所外实践的一周,主要是法院旁听。前一天准备好必要的有效身份证件,查询有关的法庭秩序。庭审的过程中不允许录音录像等做任何记录,法庭旁听人员不允许交头接耳大声喧哗。到达法院,停好车,首先通过安检,李律师拿出律师证、我拿出身份证就进去了,距离开庭还有一段时间,所以李律师就在等候庭等待,并且拿给我这个案件的起诉状。开庭了,李律师当被告的律师,整个开庭过程,我觉得气氛异常紧张,原告的律师也是很有气场,言辞激昂地做陈述,而李律师这边则不紧不慢地进行,丝毫没有被对方的阵势影响。以前以为律师在庭审过程中的表现,应该是原告律师那样,神采奕奕,激辩陈词。但是李律师的风格却更让我喜欢,好像所有的事实都已经在脑子里,有条理、有逻辑地说出自己的观点给法官听,并不是大声地、拿出吵架的阵势去辩论,反而彰显出逻辑与诉求。这一改我往日的看法。这次出庭的经历让我对于律师有了更新的认识,也让我更加喜欢律师这个职业。

3. 实习的主要收获和体会

在星韵实习中,我最大的收获就是对律师的形象有了不同的认识,之前我认为律师一定是在法庭上气势汹汹、激辩陈词的辩论家,这样带来的气场才可以震慑旁人,最大限度地为自己的当事人争取利益。但是李律师改变了我对这件事情的看法。一名优秀的律师不一定要是激昂的辩手,只要自己有思想,对这件事情有逻辑,将思路汇集在脑中,有条理地不紧不慢地讲出自己的诉求就是成功。我看到了细致、逻辑、条理的魅力,对律师基本业务有了大概的了解,并能对一些业务进行基本操作。在提高专业水平的同时,其他方面的收获也是非常大的,学到了许多学校里所学不到的经验与教训。作为一名即将走出校园的大学生,这次的毕业实习就是我踏入社会前的一次很好的历练,也为我今后进行法律工作奠定了坚实的基础。

首先让我意识到放低姿态的重要性:因为只有谦虚才可以让看似简单的任务变得很有深度、都值得学习。就整理案宗来讲:仔细看证据清单的格式与内容是一种学习,分析案宗案件的事实与争议的法律问题、法官的判决书又是一种学习,所以只有放低自己的姿态、踏踏实实才可以获得比别人更多的东西。还有就是帮助师姐查找资料,她在我理解法条有困难的时候尽心地帮我,因为是初学者,没有经验,所以只能请别人赐教,在实习期间放低自己的姿态是一种智慧。将律师或者师姐交给自己的任务做到最好需要消耗一定的时间,因为只有做得好才可以给别人一个发现自己的机会。不要在意花费多少精力,因为我们需要被发现。此外,星韵去其他所进行房地产业务学习,这件事给我很深的感触,我认为我们星韵已经特别优秀了,但是在一些专业方面我们也有不足之处,我们还是需要进行学习,因为每个人都有成为别人老师的机会。

其次,我学会工作中不能急功近利。在律所,每次接到李律师的任务安排,我总是很心急地想把任务做完去进行下一个。虽然总是提醒自己要注意细节,要把任务做得精细,但是还是出现了不少纰漏。在庭审过程中,看到李律师的表现更让我觉得工作不可以急功近利。李律师在进行辩护的时候没有在想结果,也没有在想这一次结果下来会拿到多少报酬,他只是有条理地、有逻辑地表达当事人的诉求,让法官接受自己表达的观点。浮躁的社会,确实有人急功近利,被各种诱惑吸引,但是我们要克制自己,守住底线。

最后,我学会了如何与客户沟通交流。双方进行交谈,掌握信息的技巧中最重要的一点是:创建和谐的氛围,让双方建立信任。只有让客户觉得这里舒适、安全、可以信任,他才不会隐瞒,使得事实更加全面真实。并且在此过程中,要注意提问,最大限度地了解案件事实。在谈判前需要的准备工作有:(1)了解客户的基本信息、行业、背景、企业规模、知名度、以往信用;(2)了解客户的需求是诉讼形式还是非诉讼形式;(3)穿着大方得体、举止稳重大方等。在律所旁听李律师跟客户进行交谈的时候,李律师确实已经做到了以上几点,在整个过程中虽有提问但是还是以倾听为主。整个旁听过程下来,我学习到了很多谈判技能。

在星韵的实习,让我更清楚地了解自身的优势和不足,学会了很多学校里学不到的知识,更为我今后步入社会打下坚实的基础。

◉ 自我风采

我叫李婷雨,来自河北邯郸,目前是浙江财经大学法学院 14 级非诉实验班

的一名学生。

【特长】

①文书写作——曾经在今日头条的法律读库上发表过一篇名为《颠覆国家政权罪的法律解析》的文章。

②组织能力——曾经担任过法学院法律诊所组织的多项活动的主持人。

③人际交往——曾经担任过浙江财经大学女子篮球队经理。

④语言表达——曾经获得法学院第六届时事评论员大赛三等奖。

⑤科研水平——曾获得法学院学习型公寓课题报告竞赛一等奖。

【专业证书】①英语考试四级;②英语考试六级;③装饰美工证书

【自我评价】作为一名法学专业的学生,我拥有较强的思考与学习能力。能较为出色地完成学习任务,并且善于人际沟通交往、协调各方面工作,按时完成老师、学院给予的任务,开展各项活动,有较强的组织能力。而在刊物上发表文章、时事评论员的大赛、学习型公寓课题报告竞赛则体现了我的法律文书写作功底、团队协作能力、语言组织水平和逻辑思维能力。但是自己还是存在诸多不足:比如懈怠、毅力不强、不能坚持。希望自己可以在未来的日子里更加努力,变得更加优秀。

◎ 法路思语

因为我向往律师这个职业,我觉得学习法律最重要的是要学会思考,要头脑灵活。很多著名的律师在授课的时候都会强调:律师业务是注重实务的,你们在大学里一定要将法理学学好。这也从侧面指出律师工作时法律思维、律师思路的重要性。

很多学弟学妹问我是不是应该多读法律课外读本,每个人对于看书的态度都是不同的,我们没有必要去追随别人,规定自己一定要看多少本书。个人觉得看书的数量并不能代表什么,不论你看了多少书,最重要的是要能够举一反三,在涉及相关话题的时候,自己可以根据已经看过的书本上的知识去关联,将其派上用场。所以在看书学习的时候关键是要思考,将看过的知识真正转换成自己的,装进自己的知识库,以备将来用到。

美国密歇根州法院实习报告

2014级非诉法律实验班 刘楚君

摘　要：在美国密歇根州马科姆郡文化与经济中心（MCEP）的组织与帮助下，我顺利完成了在密歇根州马科姆郡地区法院、巡回法院、遗嘱法院、联邦地区法院、密歇根上诉法院的实习与交流工作。在实习期间，通过与当地法官以及律师的交流，我对美国法律体系有了更深的了解，也锻炼了法律思维和法律英语能力。

关键词：美国法律体系；美国法院；陪审团制度

1. 实习单位简介

美国是英美法系国家。美国司法制度的主要特点有：贯彻三权分立的原则，实行司法独立；法院组织分为联邦和地方两大系统；联邦最高法院享有特殊的司法审查权；等等。司法组织、法院组织复杂，分为联邦法院和州法院两大系统，适用各自的宪法和法律，管辖不同的案件和地域。此外，还有国会根据需要通过有关法令建立的特别法院，如联邦权利申诉法院等。法官实行不可更换制、专职制、高薪制、退休制。美国没有统一的行政法院；行政纠纷案件除由普通法院审理外，各独立机构也有权受理和裁决。美国检察机关与司法行政机构不分，联邦总检察长即司法部长，为总统和政府的法律顾问，监督司法行政管理，在联邦最高法院审理重大案件时，代表政府出庭，参加诉讼"检察官受司法部领导，配属于各级法院"。诉讼程序、民事诉讼程序采用辩论制，独任审理；部分诉讼，特别是侵权诉讼等由陪审团裁断，法官判决。刑事诉讼程序的特点是：联邦和若干州保留大陪审团审查重罪起诉的制度；非法取得的证据不得采纳；广泛使用审判前的"答辩交易"；辩护时，民事案件中的原告、被告律师，刑事案件中的公诉人和被告律师相互对抗争辩，法官不主动调查，仅起"消极仲裁人"的作用。司法审查制度作为联邦原则正式确定，始于1803年联邦最高法院的"马博里诉麦迪逊案"。首席法官 J. 马歇尔代表法院认为，"违宪的法律不是法律","宪法取缔一切与之相抵触的法律",明确宣布国会1789年颁布的《司法条例》第13条违宪,从而确立了法院拥有审查国会通过的法令的职权,逐步形成司法审查制度。这一制度成为维护统治秩序,实行权力制衡的一种政治手段,以后为许多国家所仿效。美国的司法审查权由普通法院,主要由联邦最高法院行使,其方式是审理具体案件所适用的法律是否违宪,审查对象除国会制定的法律外,还包括总统的行政措施。

联邦地方法院:普通民事、刑事案件的初审法院设在各州的联邦地方法院,只审理属于联邦管辖的案件,设在哥伦比亚特区和领地的联邦地方法院,则兼理联邦管辖和地方管辖的案件。一般为独任审理,重大案件由3名法官组成合议庭并召集陪审团进行审理。

联邦上诉法院:分设在全国11个司法巡回区,受理本巡回区内对联邦地方法院判决不服的上诉案件,以及对联邦系统的专门法院的判决和某些具有部分司法权的行政机构的裁决不服而上诉的案件。案件一般由3名法官合议审理。

基层法院:一般称州地方法院、州巡回法院、州高等法院或州普通诉讼法院,为属州管辖的一般民刑事案件的初审法院,多数州规定须召集陪审团审理。有的州在基层法院之下设有县、市和警察法院。也有在基层法院内设各种专门法庭或者另设专门法院,不作为审级;对其判决不服,可申请基层法院重审,以后仍可上诉。这类专门法院包括家事、遗嘱验证、遗嘱处理、交通和小额索赔法院。

2. 实习主要过程

今年暑假,我有幸去了美国密歇根州,在各地区法院完成见习工作。在见习期间,我住在当地律师家中,近距离观摩体验律师的日常生活与工作。见习过程主要分为以下阶段:

第一阶段,地区法院实习。美国的地区法院相当于我国法律体系中的基层法院,案件标的较小,双方矛盾较简单,是属于密歇根州管辖的一般民事案件的初审法院。地区法院的工作属于基础性的工作,案件较多,人流量较大。在地区法院的工作主要是引导前来咨询或开庭的当事人,观摩地区法院法官开庭流程。

第二阶段,巡回法院实习。美国的巡回法院相当于我国法律体系中的中级法院,既受理民事案件也受理刑事案件,案件标的较大,案件的内容也较为复杂,案件数量较少,持续的时间也比较长。在巡回法院见习时,我主要了解了美国与中国相比独特的辩诉交易制度,与当地法官进行交流,也观摩了几个刑事案件的审理过程和几个民事案件的法院调解过程。

第三阶段,遗嘱法院实习。虽然名称是遗嘱法院,但是美国的遗嘱法院不仅受理遗嘱生效、财产分配等有关遗嘱的问题,还有着一个特殊的精神鉴定及治疗机构。在遗嘱法院见习时,我主要了解了法院鉴定精神疾病、心理问题的标准和帮助当事人治疗及恢复的过程。

第四阶段,上诉法院实习。美国联邦上诉法院是美国联邦司法系统中的中级上诉法院。联邦上诉法院主要裁定来自其联邦司法管辖区内对于地方法院判决的上诉。在上诉法院见习时,我主要了解了美国上诉法院受理上诉案件的流程,学习了上诉案件的受理范围及受理要件。

3. 实习主要内容

在实习之前我做了以下准备工作,一是对美国法律体系的初步了解。因为之前没有学习过美国法学课程,所以在实习之前阅读了一些介绍美国法律体系的书籍,对美国的法律有了一个初步的了解。二是对法律英语的拓展。由于中美两国有着语言差异,我在实习之前背了一些法律英语单词(虽然后来发现还远远不够)。

实习之初,我幸运地被分配到了一个律师的家庭作为我的寄宿家庭,他在我的实习过程中给了我很大的帮助。在 MCEP 机构的带领下,我首先去了密歇根州马科姆郡地区法院(基层法院)。与中国不同的是,美国法院的受案范围非常广泛,尤其是非诉案件的受理,在这一点上,美国法院更像是一个行政登记机关,房产、教育、儿童,生活的方方面面都与法院息息相关。我观察到,虽然平均每个案件都有较为多的程序,但平均每个流程所需时间较短,因此基层法院经常人来人往,没有我想象中法院高高在上的威严。

接下来,我去到了美国密歇根州巡回法院。通过与法官的交流,我对美国的法律体系有了进一步了解。通过在巡回法院的实习,我的体验是,第一,美国法官的社会地位非常之高。他们私下里是亲切和蔼的,但是到了法庭上就会十分严肃和威严;第二,美国的陪审团制度十分严格。美国法律规定,每个成年公民都有担任陪审员的义务。在庭审过程中,陪审团扮演的只是听众的角色。双方律师在发表辩诉意见时要面对陪审团,双方证人在陈述案件事实的时候也都以陪审团为主要对象。庭审结束之后,首席法官会对陪审团做出指示,之后陪审员被送至秘密的评议室,依据个人朴素的是非标准和简单的法律知识及控辩双方提供的证据,就案件事实做出评议。在刑事案件中,陪审团裁决必须得到全数同意通过,在民事案件中,一般只要求多数通过。如果刑事案件中的陪审团无法就裁决达成一致,那么法官会宣布该案为流案,重新组建陪审团进行审判。

后来,我又分别去了遗嘱法院和上诉法院。在遗嘱法院中,我观摩了心理问题治疗中心对于涉案当事人精神疾病的鉴定过程,了解了其对于此类病人的治疗恢复过程。在上诉法院中,我学习了美国上诉法院的受案范围和受案要件,了解了案件的上诉审理流程和特定案件中法官的选拔流程。

4. 实习的主要收获和体会

在这次的实习过程中,我感触较深的有以下两点,第一,美国法律体系中也具有浓烈的人道主义精神。在每个法院中都配备了为聋哑人服务的手语翻译工作人员,轮椅设施也非常到位,这使得每一个残疾人来到法院都能得到很好的帮助。在实习期间我遇到过一个聋哑人,为争取子女的抚养权来到法院。在得到我们的帮助后他十分感动。第二,美国法律系统繁杂冗长但案件审理过程一丝不苟。在实习过程中我了解到,每个案件的审理时间少则二十天,多则半年甚至一年,当事人和律师要花费大量的精力和财力,在法院审理过程中,从陪审团选拔到开庭具体过程都是一丝不苟的,仅双方挑选适合的陪审团就要耗费三个多小时,五六十人的陪审团队伍中只能有 17 人当选。这体现了美国的法院对于公平正义的极致追求。

通过这次实习,我学习了美国法律系统的构成及运行方式,近距离体验了法院审理案件的流程,与法官和律师们的多次交流也让我学到了很多知识,这次实习也会成为我大学时期十分宝贵的一次实习经历。

◎ **自我风采**

我叫刘楚君,是 14 级非诉实验班的一员。我平时的爱好是看书、跑步、旅

行和打游戏。我的优点是乐观、真诚、有责任感,能在平淡的生活里探寻和享受乐趣;我的缺点是缺乏远大理想和目标,不够主动,时间分配和管理能力不强,偶尔有点死板和循规蹈矩。

获奖情况:

浙江财经大学"风华杯"辩论赛季军

浙江省"法科杯"大学生辩论赛邀请赛亚军

浙江省"法科杯"大学生演讲比赛三等奖

法学院英语演讲比赛二等奖

◎ 法路思语

法学是一门博大精深的学科,一名合格的法律人应当具有丰厚的知识储备。而获得知识的路没有捷径,只有不断地读书、学习。希望自己能够养成坚持读书的习惯,不断学习,早日成为一名合格的法律人。

记杭州市拱墅区人民法院实习之旅

2014 级非诉法律实验班　刘晓颖

摘　要:法律是道德最后的底线。人民法院作为一个公权力机关,肩负公正审判,主持正义,保障人权的重任。此次实习,主要目的是将在大学期间所学的理论通过实习达到与法律实践相结合,从而巩固知识和发现不足以求积累经验、指导学习;更重要的是了解我国法院管辖制度,内设机构,立案、审判、执行过程中的程序流程,对于事实判决的实体依据,锻炼法律文书写作能力;树立正确的法律人生观念和思维。同时在实习过程中,通过在法院的实习工作,笔者受益颇多。同时对于中国未来的司法改革也充满期待,对于公平正义的坚持也更加坚定,对于未来法律事业的发展充满信心。

关键词:公正审判;法院管理;诉讼程序;司法改革

1. 中国法院管辖制度简介

在我国,人民法院分为四级,分别为基层人民法院、中级人民法院、高级人民法院和最高人民法院 。此外还有专门法院即军事法院、海事法院、铁路运输法院。一般的第一审民事案件,都由基层人民法院受理,法律另有规定的除外。通常基层人民法院是区县或以下级,乡镇的叫法庭。基层人民法院是中华人民共和国地方最基础一层的人民法院,根据《中华人民共和国人民法院组织法》,在县、县级市、自治县、市辖区设立基层人民法院。在称谓上,基层法院名称为"XX 县(市、区)人民法院",而不出现"基层"字样。基层人民法院是指县级、不设区的市级、市辖区设置的法院。除了法律规定由中级法院、高级法院、最高法院管辖的第一审案件外,其余一切案件都由基层法院管辖。

最高人民法院是最高审判机关。最高人民法院监督地方各级人民法院和专门人民法院的审判工作,上级人民法院监督下级人民法院的审判工作。最高人民法院对全国人民代表大会及其常务委员会负责。地方各级人民法院对产生它的国家权力机关负责。最高人民法院作为中华人民共和国最高审判机关,以维护宪法法律尊严为己任,秉持司法为民之理念,致力于构筑法治社会基础,构建公正高效权威的司法制度。自成立以来,最高人民法院以司法裁判发正义之声,以司法解释行法治之策,把握时代脉动,体察社会需要,满足人民期望,弘扬法治精神,是宪法法律的忠诚守护者。

最高人民法院管辖范围:

一、审理法律规定由它管辖的和它认为应当由自己审判的第一审案件;

二、审理对高级人民法院、专门人民法院判决、裁定的上诉、抗诉、申请再审与申诉案件;

三、审理最高人民检察院按照审判监督程序提出的抗诉案件;

四、核准本院判决以外的死刑案件;

五、依法审理国家赔偿案件,决定国家赔偿;

六、核准法定刑以下判处刑罚的案件。

除审判案件外,最高人民法院还负责统一管理、统一协调全国法院的执行工作。目前,每年全国法院受理大量申请强制执行案件。这些案件主要由地方人民法院执行。最高人民法院设立执行局,负责这项工作的管理、监督、协调。

高级人民法院也管辖少量的第一审民事案件,即管辖在本辖区内有重大影响的民事案件。

中级人民法院,布局在省、自治区内的地区和自治州,设区的市以及直辖市内的人民法院。主要负责审理法律、法令规定由它管辖的第一审案件、基层人民法院移送审判的第一审案件、对基层人民法院判决和裁定的上诉案件和抗诉案件、人民检察院按照审判监督程序提出的抗诉案件。

2. 实习单位及其内设机构管辖介绍

杭州市拱墅区人民法院由院长一人,副院长和审判员若干人组成,设立刑事审判庭、民事审判庭和经济审判庭,庭设庭长、副庭长。基层人民法院根据地区、人口和案件情况可以设立若干人民法庭。

基层人民法院审判刑事和民事的第一审案件,但是法律、法令另有规定的案件除外。除审理案件之外,还处理不需要开庭审判的民事纠纷和轻微的刑事案件,并指导人民调解委员会的工作。

人民法院对法律事务程序性的决定,如是否立案,称为裁定;实质性的案件审理决定,称为判决。人民法院审判案件,实行合议制,由该案的审判员、人民陪审员合议。人民法院设立审判委员会,实行民主集中制。审判委员会的任务是总结审判经验,讨论重大的或者疑难的案件和其他有关审判工作的问题。人民法院审判委员会委员,由院长提请本级人民代表大会常务委员会任免。人民法院院长对本院已经发生法律效力的判决和裁定,如果发现在认定事实上或者在适用法律上确有错误,必须提交审判委员会处理。

人民法院院长由地方同级人民代表大会选举,副院长、庭长、副庭长和审判员由地方同级人民代表大会常务委员会任免。在地方两次人民代表大会之间,如果本级人民代表大会常务委员会认为人民法院院长需要撤换,须由上级人民法院报请上级人民代表大会常务委员会批准。设助理审判员,由本级人民法院任免。人民法院还设有书记员、执行员、法医、司法警察等。各级法院要接受同级地方党委的政法委员会的领导。

人民法院一般内设审判业务部门和综合职能部门,实行立案、审判分离;审判、执行分离;审判、监督分离的原则。

拱墅法院现设有政治处、办公室、监察室、立案庭,刑事审判庭、民事审判一庭、民事审判二庭、民事审判三庭(金融审判庭)、民事审判四庭(知识产权涉外商事审判庭)、行政审判庭、半山人民法庭、审判管理办公室、审判监督庭、司法警察大队、执行局(含执行一科、执行二科、综合科)等共计 15 个部门及诉调对接工作中心。

3. 实习内容和工作总结

我的实习日期是从 2016 年 7 月 4 日到 2016 年 8 月 1 日,实习地点为杭州市拱墅区人民法院,我十分感谢学校给予的这次实习机会,我在实习期间认真完成法院分配的每一项任务,收获颇多。下面我把在人民法院所做的工作总结一下。

3.1 基础工作

实习开始,我被分配到法院对外窗口——财务室。财务室对外负责立案收费、退费,对内负责分配各庭室发票以及法院内部的财务问题。作为实习生,首先负责财务室的一些基础工作,了解立案收费、退费的发票,分配各庭室整理卷宗所需的发票,以及根据银行回执打印法院的发票等,通过整理立案收退费发票,了解到法院立案收费的程序,体现出法院立案收费程序的高效、便民。

3.2 法院旁听

实习期间,首先做的事情就是翻阅和整理卷宗,通过阅读卷宗,我大体上掌握了一个案件的办案流程。看得越多,就把握得越详细。刚开始时觉得有些无聊,很没意思。而后来慢慢地了解和认识到查看和整理卷宗是一件非常重要的事情,这是了解每个案子案情的关键,也是接触各类案件的最好机会,当我仔细认真地查阅和整理过一本一本浓缩了法院工作流程的卷宗之后,我逐步了解了法院的具体工作及法官的办案思路。在法院实习,最大的方便就是可以经常去旁听庭审,还可以跟随法官做书记员。在工作中,我学着去揣测案件的焦点,分析如何举证、法院如何认证、各方诉讼参与人如何运用法律以及诉讼技巧等。在旁听过程中,我感受到审判人员公正、中立的审案态度,以及各方当事人激烈的辩论。庄严的法庭、严格的程序,无不折射出法律的严肃和公正。从审判人员对被告的发问中,能体会到审判人员对于整个案件审理思路的把握,更好地了解案件事实。而在各方当事人的争论中,我又能了解到案件争议的焦点。观摩法庭庭审还让我对民事案件庭审的整个过程有了更加直观生动的了解,比起书本上枯燥的文字表述,庭审让诉讼程序更形象具体,让我记忆深刻。下面我将依据我的实习经历来总结民事诉讼一审程序。

民事诉讼案件一审程序流程梳理:

3.2.1 起诉的条件

(1)原告是与本案有利害关系的公民、法人和其他组织;

(2)有明确的被告;

(3)有具体的诉讼请求和事实、理由;

(4)属于人民法院受理民事诉讼的范围和受诉人民法院管辖。

3.2.2 立案登记制度

人民法院应当保障当事人依照法律规定享有的诉讼权利。符合诉讼条件的,应当立案受理。

不能当场判断是否符合起诉条件的,先登记,接收材料,出具书面凭证,并且一次性告知当事人补充材料,7 日内决定是否立案,无法判定则先立案,经过形式审查后,发现不满足立案条件,可以做出不予受理裁定书。受理之后发现不满足立案条件,可以做出驳回起诉裁定书。

3.2.3 答辩制度

(1)受理后,法院将原告的起诉状副本在 5 日内送达给被告,被告开始答辩。

(2)被告答辩期为 15 日,不答辩不影响案件审理。

3.2.4 审理前的准备

(1)诉中证据保全。

在证据可能灭失或者以后难以取得的情况下,当事人可以在举证期限届满前书面申请法院进行证据保全,法院也可以依职权进行证据保全。

(2)举证时限。

人民法院根据当事人的主张和案件审理情况,确定当事人应提供的证据及其期限(约定或决定:普通程序≥15 日,二审≥10 日,简易程序≤15 日,小额诉讼≤7 日)。

延长：当事人在该期限内提供证据确有困难的，可以向人民法院书面申请延长期限。

（3）出具证据收据。

人民法院收到当事人提交的证据材料，应当出具收据。写明证据名称、页数、份数、原件或者复印件以及收到时间等，并由经办人员签章。

（4）证据交换。

证据较多或者疑难复杂案件，应当交换。当事人申请证据交换的，可以交换。证据交换是为了明确争议焦点。这一行为在审判员主持下进行，一般不超过两次。举证期届满后才能进行证据交换，随举证期限延长而顺延。

（5）庭前会议。

明确原告的诉讼请求和被告的答辩意见；审查处理当事人增加、变更诉讼请求的申请和反诉请求，以及有独立的诉讼请求；要求当事人举证，根据当事人的申请调查收集证据，委托鉴定，进行勘验，进行证据保全；归纳争议焦点；进行调解。

3.2.5 庭审程序

（1）审理方式。

受理后，应组成合议庭审理，可以吸纳陪审员。陪审员与审判员享有相同的地位；人民法院根据案件情况，征得当事人同意后，可以将法庭调查和法庭辩论合并。

（2）质证。

①主体：当事人（包括第三人）。

②效力：不经质证的证据不能作为认定案件事实的依据。

③不需要在庭审中质证：当事人在审前准备阶段认可的证据，经审判人员在庭审中说明后，视为质证过的证据；法院依职权调取的证据。

④方式：公开质证。

不可公开质证的：涉及国家秘密、商业秘密和个人隐私或者法律规定的其他应当保密的证据，不得在开庭时公开质证。

（3）法庭判决。

法官根据案件事实，已质证过证据，双方当事人陈诉当庭做出判决书，也可以延期判决。

3.2.6 诉讼中的特殊情形

（1）撤诉（分为主动撤诉与按撤诉处理两种情况）。

①效力：程序结束，视同未曾起诉。即撤诉和按撤诉处理后，还可以就原纠纷再起诉。

②条件:原则上,撤诉需经法院同意。但辩论终结后,原告撤诉,被告不同意,法院可以不允许原告撤诉。

(2)延期审理、诉讼中止与诉讼终结。

①延期审理。

必须到庭的当事人和其他诉讼参与人有正当理由没有到庭的;临时提出回避申请的;通知新的证人到庭,调取新的证据,重新鉴定、勘验或者需要补充调查的;其他需要延期审理的情形。

②诉讼中止。

一方当事人死亡,需要等待继承人表明是否参加诉讼的;一方当事人丧失诉讼行为能力,尚未确定法定代理人的;作为一方当事人的法人或者其他组织终止,尚未确定权利义务承受人的;一方当事人因不可抗拒的事由,不能参加诉讼的;本案必须以另一案的审理结果为依据,而另一案尚未审结的;其他应当中止诉讼的。

③诉讼终结。

原告死亡,没有继承人,或者继承人放弃诉讼权利的;被告死亡,没有遗产,也没有应当承担义务的人的;离婚案件一方当事人死亡的以及解除收养关系案件的一方当事人死亡的;追索赡养费、扶养费、抚育费的一方当事人死亡。

3.2.7 一审简易程序(表1)

(1)简易程序适用范围。

①适用法院:基层人民法院和它派出的法庭。

②适用案件:事实清楚、权利义务关系明确、争议不大的简单的案件;双方当事人约定适用,并经法院同意的案件(尚未开庭)。

(2)简易程序转化为普通程序。

①当事人提出异议:必须在开庭审理前,法院审查裁定。

②法院裁定:审限届满前做出裁定并书面通知当事人。

(3)转化后法律效果。

①审限计算:自人民法院立案之日起开始计算。

②证据使用:简易程序确认的事实,普通程序不必再举证质证。

③简易程序的特殊性。

表1 一审简易程序

受理	双方同时到庭,均表示不需要答辩期、举证期的可以当即审理。庭前准备可以简化。被告要求书面答辩的,征得其同意后,合理确定答辩期(不超过15日),举证期不得超过15日。

送达	①可以简便方式传唤证人、送达文书,但要确保收到。未确认收到不得缺席判决。 ② 简易程序不允许
审理	① 独任审理。 ②不受法庭调查和法庭辩论顺序限制。但应保障当事人陈述意见的权利。 ③ 当事人双方可就开庭方式向人民法院提出申请,由人民法院决定是否准许。经当事人双方同意,可以采用视听传输技术等方式开庭。
裁判文书及其简化	应当庭宣判。裁判文书时对认定事实或者判决理由部分可以适当简化的情形: ①当事人达成调解协议并需要制作民事调解书的; ②一方当事人明确表示承认对方全部或部分诉讼请求的; ③涉及个人隐私或者商业秘密的案件,当事人一方要求简化裁判文书中的相关内容,人民法院认为理由正当的; ④当事人双方一致同意简化裁判文书的。
审理期限	3个月审限,当事人同意继续适用简易程序,经院长批准,延长后的审理期限累计不得超过 6 个月。

3.3 法律文书写作

法律文书写作以学习模仿记录庭审笔录以及合议庭笔录为主。做笔录要求具有很快的打字速度,还要求具备相当好的归纳和判断能力,要紧扣案件,准确地运用法律专业术语,从某种意义上讲也是对自己理论知识的检验。通过记录庭审笔录以及合议庭笔录,我了解到主审法官对于案件的处理意见,以及相关审判人员的建议,有些重要的案件还会让庭长、主管院长参加把关合议,这些都是做出最后公正、合法的判决所必不可少的前提条件。法律文书不仅格式要规范,内容更要合法、合理、合情。虽然在校期间已经学习了法律文书的写作,对法律文书也有了一定的了解,但是在写法院诉讼文书的过程中,我深切地感受到法律要想运用得好,光靠书本上的知识是不够的,一定要多进行实务锻炼。

4. 实习总结

实习之前,对法院及法官的认识仅限于书本知识和一些影视作品中的形象,印象比较模糊而且带有明显的模式性。真正接触之后才发现实际的法院工作跟想象的相差巨大。

(1)法院工作的重要性。法院工作直接关系社会公平正义的实现。在实习期间,接触到的每一件民事案件,最后的处理都关系到各方诉讼当事人的切身利益,所以每个案件都需要以公正客观的心态对待,确保当事人利益得到切实实现。

（2）法院工作的复杂性和严谨性。在实习过程中,接触到的案件跟书本上学的案例相差悬殊。教材中的案例都是经过反复推敲筛选、确定没有争议之后才被选入的。但是实践中的案件很多都不具有典型性,案件事实具有诸多模糊之处,而且还有许多其他因素需要考虑,每个案件都需要法官耗费大量的心血反复推敲、斟酌,有的甚至通过数次合议仍不能达成统一意见。在这种情况下,并不是简单地以少数服从多数,而是允许保留少数人意见,并随合议笔录一并提交审判委员会定夺。

（3）法官工作的艰辛。真实的法官工作远没有电视上那样轻松惬意。恰恰相反,法官工作实属不易。不仅要面对案件各方的压力,还要抵御来自不同方面的拉拢诱惑。每件案件,法官们都会反复斟酌,以求客观公正;每次开庭,法官们都是周密安排、紧凑高效。但是法官们的努力却常常得不到理解。实习期间,曾经遇到群众上访、静坐,甚至冲击法院,法官的工作环境需要得到更加切实的保障。

（4）法律普及的重要性。虽然我们的普法工作始终未间断,但是现实情况却极不乐观。尤其是诉讼中,总有一些诉讼参与人因不懂法或不守法,造成本不该发生的社会纠纷频发。

（5）要时刻注意加强学习。首先,向周围具有丰富法律实践经验的人学习,学习别人优秀的能力,优良的工作习惯和思维技巧。法官们都具有长期司法审判工作经验,他们学识渊博、执法如山,合议案件时能迅速抓住案件的关键点进行剖析,庭审时对庭上情况的发展具有很强的掌控能力,他们的言传身教让我获益良多。通过与他们的接触和交流让我对法官这个神圣的职业更加的向往。对于我这样一个即将步入社会的学生而言,需要学习的东西很多,周围的同事就是最好的老师,可以向他们学习很多知识、道理,博采众家之长,以人之长补己之短。其次,不断加强法律知识的学习。随着社会环境的巨大变化以及我国法治的逐渐完善,每年有许多部法律法规出台。如果满足于现状,你会发现你所掌握的法律知识很快就会过时。作为一名法律人,必须有足够强的学习能力,时刻注意把握法律的最新动向。在实习时我发现,每名审判人员的书架上都有着数量众多的法律专著及经典案例汇编,在审判工作之余,他们都非常注意法律知识的更新。总而言之,作为一名法律人,学习无处不在,法律工作本身就是一个不断学习的过程。

5. 我对于司法改革的理解

公正是法治的生命线。

(1)我们要推进严格司法。推进以审判为中心的诉讼制度改革,确保侦查、审查起诉的案件事实证据经得起法律的检验。实行办案质量终身负责制和错案责任倒查问责制,确保案件处理经得起法律和历史检验。

(2)保障人民群众参与。完善人民陪审员制度,保障公民陪审权利,扩大参审范围,完善随机抽选方式,提高人民陪审制度公信度;逐步实行人民陪审员不再审理法律适用问题,只参与审理事实认定问题;加强法律文书释法说理,建立生效法律文书统一上网和公开查询制度。

(3)加强人权司法保障。强化诉讼过程中当事人和其他诉讼参与人的知情权、陈述权、辩护辩论权、申请权、申诉权的制度保障;切实解决执行难,制定强制执行法,规范查封、扣押、冻结、处理涉案财物的司法程序。加快建立失信被执行人信用监督、威慑和惩戒法律制度;落实终审和诉讼终结制度,实行诉访分离,保障当事人依法行使申诉权利。

(4)加强对司法活动的监督。完善检察机关、人民的监督、规范媒体监督;依法规范司法人员社会交往行为;对因违法违纪被开除公职的司法人员、吊销执业证书的律师和公证员,终身禁止从事法律职业,构成犯罪的要依法追究刑事责任;坚决破除各种潜规则,绝不允许法外开恩,绝不允许办关系案、人情案、金钱案。

6. 结　语

这一个月短暂而又充实的实习,对我接下来的学习和今后走向社会参加工作无疑是很有帮助的。这一点在实习之前和实习之后都得到了肯定。这次实习还让我懂得了为人处世的态度和方式,那就是既要谦虚好学又要适当肯定自己。我要感谢杭州市拱墅区人民法院和浙江财经大学法学院的老师们,感谢实习期间帮助过我的每一个人。我会继续努力,做到最好!

◎ **自我风采**

我是来自于浙江财经大学法学院 14 级非诉班的刘晓颖。

我是一个外表偏文静的女孩,但有一颗火热的内心。我喜爱旅游,我喜欢出去走走,看看每个城市的风景,体验各个地方的风情和习俗。同样的对于各地各种美食,我更是毫无抵抗力。动手能力强也是我的长处,我平时喜欢玩拼图,组装一些玩具,手工制作一系列小东西。

◎ **法路思语**

接触到法学这门学科是在大学,之前我是个理科生,逻辑思维比较强,在上大学之前,我根本没有想到我和法律会有这么多的故事。三年大学法律学习下来,我认识到了法律的重要性、神圣性、强制性,同时"公平与正义"也在我脑海中深深印刻下来。

在我看来,法律是人类共同生活的必然产物,它以正义的存在为基础,以国家的强制力保证其实施。法律亦是一种社会规范,即调整人与人之间关系的规范,它要求我们每个人都遵守,一旦违反法律,就会受到相应的惩罚。由于法律观念的淡薄,很多人不能正确认识法律、意识不到法律的作用,认为法律只与司法工作人员、律师、犯罪行为人、受害人等从事法律工作的人以及触犯法律和因别人触犯法律而遭受损害的人有关,在我们的日常生活中不需要法律。其实,这种观念是错误的,法律具有普遍性,它遍布于社会生活的各个方面。

而法学和法律又是不同的,法学是专门以法律现象及其规律为研究对象的知识和学科,法学的研究对象是法律,法学的方法是阐释和论证。

法学具有科学性、意识形态性、实用性和理论性,它自身有一套独立的概念范畴和理论原则,它同法律实践有着密切的联系,为法律的发展提供了理论知识。法学还通过关注法律的社会现象来对这一现象做出价值评判,揭示法律主体与法律客体之间的关系、法律实践所带来的后果,为我们判断法律的好坏提供了客观标准。

杭州市拱墅区人民法院实习体验

2014 级法学非诉班　荣　旎

摘　要:实习期间,在指导老师的帮助下,笔者熟悉了法院的分工及工作,对于庭审程序、判案流程、案卷分类整理等方面进行了大致的学习和了解。将理论知识与实际工作相结合,在不断地尝试和实践提高自己的专业水平,为接下来走出学校踏入社会做准备。

关键词:庭审;判决;案卷

1. 实习主要过程

在大二第二学年的暑假,也就是 2016 年 7 月第二学期结业过后,我接受学院的安排到浙江省杭州市拱墅区人民法院进行实习,我们一行五人,由当时在行政庭做陪审员的李春燕老师负责带领。前两个星期,我有幸被分配到位于法院顶层的档案室,在那里,我学习整理案卷,帮助档案室的管理人员调档、归档,并利用这次机会从中学习民事诉讼、刑事诉讼及仲裁的基本流程,熟悉各类民诉案件。在档案室工作让我受益良多,不仅了解到法院的工作机制,丰富了实践经验,更是获得了一个非常好的接触各类案件的机会,巩固了我在校习得的法律知识,补充了我尚未习得的部分,对我在学校日后的学习大有裨益。

后两个星期,我与被分配到其他科室的同学调换位置,来到了位于一楼立案大厅旁边的财务室。财务室的工作让我对办理案件的手续有了更多的认识。我一边在工作人员的指导下完成工作,一边在空闲时间凭实习证到民诉及刑诉的法庭进行旁听,直接接触到案件审理更是让我大开眼界。

2. 实习主要内容

刚到法院的第一周,主要做了些准备工作,让自己迅速适应新环境和新节奏,主要包括如下几点:一是对工作环境的熟悉,搞清了法院及周边的地形等细枝末节但十分必要的事情;二是在工作人员指导下熟悉档案室的工作和业务,学会使用档案室的设备,并学会与来档案室的各式人员打交道;三是学会调档、查档、归档,使用法院内部的网络系统。

第二周,已经初步适应了工作环境和朝九晚五赶地铁上下班的生活环境,剩下的就是做好自己的工作了。档案室每天人来人往,一大车一大车的案卷送进来送出去,调档人要拿出身份证明,归档人要一条一条进行登记,将档案录入电脑也是我的工作。这些工作,不难,却一定要细致,不能出差错。每一个案卷都是宝贝,每一个案卷都不能缺失。对档案室来说库房里是堆积如山的外观大同小异的案卷,对来调档的人来说他们来调取的那一份档案也许就能决定某个人的人生。

拱墅区人民法院的档案室里整齐排列着自法院落成以来经手的所有案件,案由齐全,最早可追溯到1955年。在档案室的两周我也充分利用机会,翻阅了许多其他岗位难以接触到的文件资料,也通过翻阅这些文书,熟悉了庭审等实务方面的具体流程。

第三周我调到了一楼的财务室。财务室的工作没有档案室那么烦琐,只是更程序化,也更机械化,每日来往的人比档案室更多。我除了熟悉了法院的运作机制,也通过与各式人物的接触,了解到法院中错综复杂的人际关系,提高了自己人际交往的能力。

最后一周,主要是给自己这近一个月以来的工作做一个小结。我在财务室工作之余,也利用闲余时间和实习证到法庭进行旁听,拱墅区人民法院有两个刑庭和十几个空间比较小的民庭。通过旁听各式各样的案子,每日积累,既拓宽了自己的视野,也巩固和补充了法律方面的知识。

3. 实习的主要收获与体会

短短四周,我收获颇多,增长了很多理论及业务方面的有关知识,认识了一些专业上的人,长了不少见识,也了解了法律工作的辛苦,对自己未来的职业道路有了一些概念。

在这次四周的实习中,我最大的收获就是对法院各部门的分工、法院的工作机制、案件的审理程序有了大概的了解,并对一些业务能够进行基本操作。在提高专业水平的同时,其他方面的收获也是非常大的,学到了许多课堂上学不到的经验与教训,为我今后更加顺利地从事法律工作指明了方向。

首先,让我意识到只是死板地学习法学理论知识是远远不够的,还必须将法学理论联系实际。在法院实习过程中,我接触到许多真实的法律案例,通过对这些案例进行仔细认真地研究分析,使得我的法律思维水平得到较大的提升,也真正懂得自学对学习法律的重要性。

其次，我学会在工作中应具有高度的责任心和耐心。档案室的工作十分烦琐，却绝不能出任何差错。档案室的工作人员在归档的时候告诉我，即使把人丢了，案卷也不能丢。因为看起来堆积如山、外观大同小异的案卷，对来调档的人来说，他们来调取的那一份文件也许就能影响一个人的生活。另一方面，了解并熟悉掌握案件处理的整个过程，是实习的一个最重要的内容，而这个内容并不是仅仅只能通过亲身经历立案、庭审、结案等才能掌握的，亲身经历只是完成这一内容的一个途径，而另一个重要途径便是整理卷宗材料。卷宗作为案件结案之后的档案整理，是对案件的进展流程的客观全面反映，通过对案件处理过程的每一环节中的文书材料的处理，总结时间顺序，我可以清楚明晰地了解并掌握一个案件的进展过程，并且通过自己的思考、理解，在头脑中模拟一个案件的处理，以加深对其的掌握。

最后，让我学会如何与人相处。法院的环境与学校大不相同，人的身份变多了，需要注意的地方也变多了。在法院待得时间长了，就会对法官、律师、各部门的分工有一定的概念，对审判长、陪审员、原被告等庭审上的身份有一定的了解，总能接触到各种各样的人。与在大学中身边只有同龄且同类的学生不同。不管是在档案室，还是在财务室，我都接触到了来自各个领域、各个部门、各种身份的人。其中，有蛮不讲理的，有与人为善的，更有能力强大、使人憧憬的。工作的过程中状况百出，十分考验人际交往能力，也更让人认识到人际关系是怎样影响一个人。暑假期间还有不少跟我们一样来拱墅区人民法院实习的人，主要来自浙江大学城市学院，与我们同届。我也有幸结识了一些。在这一整个过程中，我见识到了优秀的人身上的厉害，越是素质高能力强，待人就越诚恳和善；也在同去的实习生们身上看出现在社会竞争的激烈，人没有任何理由骄傲自满。

通过这次实习，我更清楚地了解了自身的优势和不足，学会了很多学校里学不到的知识，更为我今后步入社会打下坚实的基础。

◎ **自我风采**

我是浙江财经大学法学院 14 级非诉法律实验班的学生荣旎。

我性格活泼,爱好广泛,喜欢读书,尤其喜欢小说和社科类的书籍,平时会翻杂志、上网看外媒的新闻播报,热爱科技和新鲜事物,也喜欢聚餐、看电影、听音乐,会乐器,不定期跟家人出门旅游。

优点是遇事冷静,思维活跃,逻辑清晰,联想和分析能力强,口才较好,擅长学习语言,待人宽容,不拘小节。

缺点是不坚定,没有耐力,执行力差,对事吹毛求疵却不够自信。

进入财大法学院实验班是我的荣幸也是机遇。法学的学习是一个自我完善的过程,是一个填补甚至重塑世界观的过程,我在进入大学前所拥有的朴素且不成熟的价值观和正义感在这一过程中经受磨砺并成长。法律不留情面地打破人懵懂的幻想,却让人相信它有拨开迷雾、指引前路的方法。

◎ **法路思语**

从一开始的难以理解,到现在渐渐窥见法学的魅力。日常中随处可见的法律问题,曾经困扰我许久的谜团也可以用法律的思维解决。法律是如此有趣,如此系统,又有许多矛盾,启发人对道德、正义和理想进行更深刻的反思。

法路心声

2014级非诉法律实验班 孙 凯

摘 要:在浙江财经大学的四年学习生活令笔者收获颇丰,而成为非诉大家庭的一员也真的令笔者感到荣幸。接下来笔者将通过大一的实习感受,简单的自我介绍,几年专业知识学习和实践中对法律的认识这三个方面来介绍笔者在浙江财经大学,在非诉班的收获和进步。

关键词:实习感受;兴趣爱好;法律知识;法治社会

一个月的实习即将结束,纵有不舍,我也将要告别朝夕相处的同事们了。关于这次实习,我感触颇多,收获颇多。

在第一次得知暑假要在杭州实习一个月的时候,我的内心还是挺苦闷的,毕竟刚刚大一,眼看着身边的小伙伴一个个都回了家而自己还不能回去的时候,顿感负能量爆棚!

但当我本着赶紧熬过去的心态进入律所时,却忽然发现实习并没有我想的那么可怕,甚至有了一丝丝的新奇与向往。

当然,第一天或者说第一个星期,我还是比较空闲的。因为刚刚学完大一的课程,专业知识十分有限,而且又是第一次到律所实习,我对许多东西还都不甚了解,一切都得从头开始,慢慢入手。吴旭华律师以及团队的其他律师们给了我足够的信任、时间和耐心,让我慢慢学习,一点点开始,不厌其烦地教我工作的方法,给我熟悉业务流程的机会,让我慢慢融入团队氛围。

我逐渐变得忙碌起来,事情越来越多,实习也变得愈加充实了。看着身边的小伙伴们百无聊赖的样子,一瞬间就觉得自己是幸福的!

后来的几个星期,我渐渐地与团队融合得更加密切了,任务也逐渐多了起来。实习期间,我参与整理了卷宗、搜集过协会商会的相关信息、汇总过与电子商务有关的法律法规,还寄发过团队印发的期刊、汇集有关的案例、判决书等。不仅如此,吴律师还带领我去给创业企业做过法律咨询,这些让我学到了许多知识,掌握了很多技能。我懂得了如何使用大数据迅速搜集互联网上的资料、信息，学会了如何装订卷宗，熟悉了律所的业务流程以及快递单的填写、文印工作……这些，都充实了我离开律所时的背囊。

同时，我也有很多工作方面的心得：第一，做事情一定要权衡时间与质量的关系，唯有将两者关系处理得当才能做成完美的工作；第二，一个团队中不仅分工合作、相互信任十分重要，有一个积极向上的氛围同样不可小觑；第三，一切任务都要尽早完成，杜绝拖沓，这点上我还有诸多需要改进的地方；第四，做事要稳重，心态要平和。吴律师工作井井有条，做事心态平和，工作中我的一些事项处理不力时，吴律师也从未向我发过火，这令我敬佩，也十分值得我学习，只有像吴律师这样，才能在日后事业上有所成就。

除了心得，我还有很多感想。看着身边年轻的律师，一个个都有很高的学历，却不惧怕艰辛。他们的心态，明显与我这个大一的新生不同，他们全身心投入并享受其中，完全没有学生的那种养尊处优、有恃无恐的样子。现实比理想要骨感得多，他们有来自生活的压力，却并不自怨自艾，这都将成为日后推动我不断前行的巨大动力。

这次实习真的收获颇丰，如果有机会，希望以后还能有机会和吴律师还有团队的其他律师们一起合作！

◎ **自我风采**

我是 14 级非诉班的孙凯，来自河北省沧州市，一个听名字就很有江湖范儿的城市，不过我不会武术，也没有江湖气息。自以为我这个人为人直爽热心，大

大方方,但也不乏缜密的心思,不过王婆卖瓜自卖自夸,说太好听也没人信。

首先我是一个爱读书的人,自初中老师推荐了几十本书后,我读过的大大小小的书也占了家中小半书橱。其次我热爱摄影,又自学了些许修图技术,但没有专业的老师指点,更没有什么优秀的作品,走走拍拍也就聊以自娱自乐。还有,我是个热爱运动的男孩,而各种运动中又尤爱游泳和篮球,甚至大一时还曾在学校游泳馆讨到一份救生员的职位,而篮球亦是每个星期的必备运动。最后,我对历史、文学、美术都很感兴趣,但苦于一直没有整块的时间去深入地了解学习,只是偶尔利用闲暇的时间从网上碎片化地涉猎一些。

法路思语

受家庭氛围的影响,耳濡目染之下,我自幼便产生了对法律人的敬仰、对这个专业的崇拜。高考录取结果虽不尽遂人愿,未能被填报的法学院校录取,但有幸能参加我校法学实验班的考试,并最终能够成为实验班的一员,我也感到万分满足。

在多年的专业学习和各种实习过程中,我深刻体会到我国加强法制建设的社会趋势。在课堂上,我得知我国法制体系仍有很多有待改进提升的空间;在实习过程中,我也明显体会到我国在法制社会的前进道路上已经有了明显的进步,并且仍在大步向前。学校里,每当有其他专业的同学来询问我一些法律问题,我都会感到十分的自豪,并认真耐心地解释,力求帮助别人,但有时也有我回答不上来的问题,我也认识到自己的知识还有待进一步的学习;实习中,我或在律所面对来找我律师导师咨询法律问题的企业主,或在检察院面对被我检察官导师提审的与我同龄的犯人,我都深刻意识到学习的重要性、懂法的重要性。我国在法制建设方面虽然有了长足的进展,但在对广大群众的普法工作上还是有很长的路要走。

试看未来之中国,定是法制之中国,法制的前路无比光明,法律人的前途无比宽广。

阴差阳错的命中注定

2014 级非诉法律实验班　童韬羽

摘　要：法官这一职业直接参与司法审判，是司法工作的重要参与者，其判案思路和方式对案件最终结果有巨大影响。通过此次暑期实习，笔者针对基层法院的审判工作，具体分析了司法活动中产生的一系列问题，并由此阐述了自己的见解。从宏观和微观角度，阐述了法官应当如何维护社会正义。最后，笔者对自身未来发展寄予希望，并为自己设定了目标。

关键词：实习；基层法院；司法；法官

人们都说法院是一个维护公平和正义的地方，法官会像西方司法女神朱蒂提亚蒙上双眼那样十分客观、公正地对待双方当事人。我也是这么认为的，但在今年的暑期实习结束后，我对这个认知有了更深刻的理解。

大二的暑假，因为种种因素，我未像前一年那般，留在杭州的律所实习，而是回家找了基层法院锻炼自己。与法院政治处以及相关领导商议之后，我最终来到民一庭，跟着一位韩姓法官实习。

基层法院是最忙碌的，从《民事诉讼法》第十七条的短短一句话，就可以窥见它的职能，"基层人民法院管辖第一审民事案件，但本法另有规定的除外"。民事如此，刑事亦然，因此绝大部分的一审案件都涌向基层法院，琐碎、繁杂是家常便饭。

实习第一天，我就被楼底大厅里提前来等候的群众给吓住了。怎么会有这么多人！到了办公室后，跟韩法官提起这事，他笑了一下，也没说什么，仿佛这是最正常不过的事了。果然，往后的日子里，各种阵仗见多了，再看到一楼大厅的人群也就见怪不怪了。基层法院和普通群众距离最近、联系最紧，而在当今社会，人们的法治意识日渐增强，有矛盾上法院是很多人会选择的途径。

实习了两个月，看着当事人走了一拨又来了一批，拿着一叠叠的裁判文书去复印……感觉我们个体的生活中有很多混乱，但整个世界仍然理性、有条不紊地继续下去——发生工伤了、出交通事故了，大家也不会跟从前那样，两边的人在那儿大闹,都选择先治疗,再上法院处理具体的赔偿事宜。

但只有理性是无法正确处理现实中的复杂关系的。

韩法官说,作为一个法官,要懂得权衡,说得直白点就是——让明知是吃亏的少吃点亏,让明知是占便宜的少占点便宜。可能有人会觉得这样是和稀泥,但其实仔细想想,现实生活中总会有那些情理上过不去的案子、钻了法律漏洞从中得利的案子,这时候如果还一味地秉持所谓的不会变通的"公正",那就真失了公正了。

此外,我印象比较深的还有宣告当事人无民事行为能力的案子。当初在学校学习这方面的规定时,并没有想到现实生活中碰到这种申请,绝大部分都是为了卖房——很直截了当,单纯是想处理当事人的房产罢了。暑期实习期间,韩法官带着我上门调查了好几次,都是其他家庭成员想要宣告其中一位家庭成员无民事行为能力,进而卖掉他名下房产的案子。而被申请人的状况就复杂多样了,有突然间中风的,有患有精神疾病的,等等。在处理这类案子时,还应当预判风险,例如宣告之后是否会引起家庭内部关于财产所有权的争议甚至引发其他一系列的官司?对于法官来说,结束这个案子很简单,不过就是一两张纸罢了,但其中包含的复杂关系,可不是寥寥数语便可厘清的。

除了对法官办案想法的体会外,我在法院实习期间,也深刻体会到了司法改革的影响,其中,对于诉讼费收取的规定感触最深。按现行规定,农民工兄弟来法院打官司,诉讼费只收 10 元,如遇上调解等情况,则减半收费。

从这个层面上看,该规定对于保障农民工的合法权益有极大的好处,会避免"打不起官司"等情况的产生。但换个角度,诉讼费如此之低会在一定程度上造成"滥诉",很多在过去并不会诉诸法律的案子,现在都涌向法院。无可厚非,这能进一步保障人民的合法权益,能进一步推进依法治国,但造成的"滥诉"现象也是不可忽视的。

而另一个问题便是,一旦减半收费,农民工兄弟为了退回这 5 元诉讼费,要来往法院好几趟,并且要跑上跑下,折腾许久才能领到退费。产生这个情况,一定程度上该归咎于我们现今机构内部设置、办事流程安排的不合理,但据我的观察和分析,这已经是很精简的步骤了,短时间内无法改进。而由此造成的问题,则远不在于此。若想退回这 5 元,需要去开一张退费单,领到钱的时候,又会给你一张发票,一来二去,积少成多,人力资源和物力资源的浪费是蛮可怕的。记得在谈及这件事时,有人打趣说,干脆别收算了。

一个政策的出台,出发点肯定是为了人民,但"好心办不了好事""好心办坏事"的发生也是大家不想看到的。但很多时候,我们只能提出批评,无法给出建议。不过也不能因此就缄口不语,毕竟,没有人认为评价一台冰箱制冷效果差之前,我们需要学会制冷。中国的司法改革,任重而道远,往后的改革中,应当兼顾社会效益和经济利益,统筹当事人和司法人员的需求,推行一个尽量使多方满意的政策,而这个,就是我辈需要努力的了。

不过,就目前的状况来看,我们的法律从业人员素质良莠不齐,尽管有很多好法官、好律师,但也不乏一些挂羊头卖狗肉的人员存在。有一些案子,明明不复杂,但久争不下,细细剖析后发现,当事人多事,而其诉讼代理人更是乐于充当"搅屎棍"。在法庭调解的时候,我听了有位律师讲了一句让人瞠目结舌的话,"我知道法律上是这样规定的,但你不能这样判啊,这样判情理上过不去,是不合理的",我们先不去议论情理上究竟过不过得去,只是作为一名律师,在法庭调解时说出这样的话,真的不怕贻笑大方吗?当事人如果不懂法律,讲出了一些令人啼笑皆非的话还情有可原,但作为一名执业律师,面对对方当事人和其诉讼代理人以及法官时,说出如此不专业的话,是否是不称职的表现呢?既没有很好地为自己的当事人解释法律的相关规定,还由着他信口雌黄、漫天要价,更企图用所谓的"情理"去绑架法律,我是真的为有这样的律师的存在而感到痛心!看着这些场景,我在心里暗暗决定,一定要好好学习专业知识,绝不能因为自己的不专业而导致这类"笑话"发生!

除却一些不专业的律师会导致审判工作的停滞,胡搅蛮缠、嘴上没谱的当事人也是一大障碍。韩法官有的时候会长叹一口气,说道,读大学时,法理学老师第一堂课就跟他们说过,到了法院应该针对法律适用问题进行辩论,而基本事实的确认,应当在法庭之外。是啊,这句话不能说全对,但至少有一定道理。法庭不应当成为双方当事人互相否认案件事实的地方,提交的证据不应该成为彼此用来掩饰、编造案情的东西。但经历了这么多次庭审,对此我只能苦笑几声。原告主张的基本事实,被告全盘否认;被告给出的证据,原告提出对方完全是在捏造事实……坐在旁听席上的我,经常是这一会儿一头雾水,过一会儿哭笑不得。除了对案件基本事实的否认,我还遇到过一些对于细枝末节的事实的诡辩——前者是为了审判对自己有利而昧着良心在扯谎,后者是为了争取到更多的赔偿而在欺骗。还有就是当事人对律师不信任,事情说一半藏一半,以至于己方代理人被对方律师问得哑口无言而一头雾水。

缘何会产生这些问题?利益的驱使和法治意识的淡薄,是主要因素。现今的中国,尽管人们法治意识日渐增强,但似乎有些片面,很多人只道是多了一个解决问题的途径,至于如何运用法律手段,还是不清楚的。在调解过程中,碰到过一些人,他们嘴上法律名词一个接一个,但真的讲起法律适用问题时,两眼一抹黑,嘴上就开始乱放炮了。可能在他们眼里,"法律"只是又一样用来无理取闹的工具,作用仅为他们的撒泼耍赖套上一个看似正义的帽子。幸而更多人不是这样,不懂就是不懂,他们会委托律师来处理法律问题,自己不会乱拆台,更不会断章取义地曲解法律,甚至是否认法律。

这样想来,我们的法制健全乃至法治社会还需进一步加强。

法官的意义在于裁判,在于维护社会公正,但公正不是绝对意义上的对等,是依据事实而慎重裁判,不悖法律,不违良知。可能未来的自己不一定会成为法官,但我想,只要从事法律行业,就应当牢记"公平"二字,学会"权衡"之法!

◉ 自我风采

你若问我数罪并罚时发现漏罪和又有新罪分别该怎么计算刑期,我应该会支支吾吾想半天才能给出一个不太确定的答案;而把苏黄米蔡四人的书法作品拿到我跟前,我都不用辨认落款和内容,单凭用笔和结体就能分辨。

我是童韬羽,一个被很多人认为选错了专业的法科生,但谁能知道,我最初的梦想还真就是法律。

我一定是个不合格的法科生,在很长一段时间里,我以为王泽鉴与王利民是同一个人,苏力与朱苏力是两个人。大三寒假跟商法老师讨论我国的历法发展时,我的侃侃而谈让他感叹了句"你可能选错专业了",但到底有没有选错,谁都不知道。

其实,直到收到非诉法律实验班的录取通知我才恍惚地反应过来,自己的专业是法律了,而在此之前我一直都没想过把幼年时候的梦想付诸实践。至于参加实验班的选拔,纯粹是因为有空且不用考数学。

你说照片?容颜只能传递此刻的外貌,皮相终会随着时间的变迁而改变,但文字却能镌刻出此时的容貌,身与心俱可,不是吗?

获奖展示:

乒乓球国家二级裁判、普通话二级甲等、黄岩区书法家协会会员;

浙江省第三届大学生汉语口语竞赛本科组三等奖;

浙江财经大学第二届大学生规范汉字书写大赛硬笔组一等奖;

浙江财经大学第八届"工商书画杯"书画摄影大赛硬笔组一等奖;

浙江财经大学第三届"学涯杯"书法大赛软笔组二等奖。

◎ 法路思语

我这人虽然看上去没个定性,但真做起事来其实还挺认真的。这种认真倒不是完全意义上的戒骄戒躁、踏实做人,是一种"既来之则安之"的心态以及"不撞南墙不回头,撞了更要把它撞穿"的天真。近三年的法律学习生活下来,感觉自己蛮充实的,虽然很多知识都只是一知半解,但脑海中已有了法律粗粗的轮廓,它的丰满还需来日用学识去勾勒、填充。

我一直秉承的一个观点便是不把兴趣变成自己赖以生存的东西。很多人都觉得只有对这个专业感兴趣了,才能持续,才能爱,不然会学得很痛苦。我反而认为,面对未知的领域时,首先考虑的不是感不感兴趣,因为你对此一无所知,何谈兴趣?或许这种观念不普遍适用,但对于我自己,自认为是贴切的。

记得以前曾跟别人谈论起这个话题,我的观点始终如一——选专业不一定要选最感兴趣的,因为兴趣是可以培养的。选了一个自己最感兴趣的专业,一帆风顺自然是好事,但学业的苦恼、生活的琐碎、工作的不顺心耗尽了你对它的爱,你可能会一无所有。选一个不是最感兴趣但至少不反感的专业,你可以用大把的时间和精力去培养兴趣,遇到挫折和困顿时,至少还有自己喜爱的东西可以慰藉魂灵,以重整旗鼓、再次拼搏。或许几十年后我会后悔当初的选择,但谁能肯定就一定是后悔,而不是感激呢?路在脚下,想怎么走不重要,往前走才是关键。

上海锦天城（杭州）律师事务所实习报告

2014级非诉法律实验班 王庆昊

摘 要：期末考试完后，我们分配了实务导师。我荣幸地被分配到太平鸟服饰有限公司IPO上市项目组。但对于IPO项目一点不懂且十分迷茫，但是在不断的学习中逐渐熟悉IPO的操作流程。在工作的过程中和同事还有券商、会计师事务所的同事们相处也十分融洽，由此学到了很多。

关键词：新三板；实务操作；首次公开发行募股

在期末考试结束后第一周，我们开始选择自己的实务导师，我有幸被分到了锦天城（杭州）律师事务所（锦天城），然后就开始了紧张的实习。

1. 实习单位简介

锦天城系国内综合性合伙制律师事务所。

锦天城以先进的合伙制体制和民主管理模式，聚集了一大批高素质的法律人才。本所由前华东政法学院院长、中国国际律师培训中心主任史焕章先生任主任，33名资深律师组成合伙人管理层。锦天城拥有律师及助理共计240余名，其中注册律师137名。在注册律师中，具有博士学历的律师24名；具有教授、副教授、法学硕士学历和中级职称的律师87名；有58名律师曾在美国、英国、德国、加拿大、澳大利亚、日本、法国、中国香港等地留学或具有国外律师从业经历。同时，锦天城还专门聘请了一批曾从事过中国对外贸易经济法规的起草、决策工作和有关国际公约改制的专业人士及证券法方面的权威人士作为锦天城的特别顾问。因此，高层次的专业人才资源成为锦天城向社会提供优质法律服务的根本保障。

锦天城多次被司法部、地方司法局、律师协会以及国际知名法律媒体和权威评级机构列为中国最顶尖的法律服务提供者之一，位居全国十大品牌律师事务所前列。

钱伯斯法律评级机构近期授予锦天城连续三年"领先中国律师事务所"

证书。

锦天城能够为跨国公司、跨国金融机构、外商投资企业、国家机关和国内外企事业单位和个人提供投资、贸易、知识产权、金融（银行、证券、信托、保险、期货、基金）、金融信托产品设计、MBO 全程法律设计、资产证券化法律设计、技术转让、房地产、公司筹建、兼并、海商海事、国际融资、股权转让及民事、刑事等各方面的诉讼和非讼法律服务。

为了适应世界经济一体化、法律服务国际化的需求，锦天城加盟了世界律师事务所联盟——Terralex，成为该世界联盟唯一的中国成员。同时，锦天城已同包括美国、加拿大、英国、法国、荷兰、比利时、澳大利亚、新西兰、新加坡、中国香港、中国澳门、中国台湾等国家和地区的 130 多家律师事务所建立了良好的合作关系，并培训了一批来自国外的律师，他们回国后均从事与中国事务相关的法律方面的工作。此外，锦天城系中国长江律师（业务）联盟上海地区唯一成员，该联盟由内地（大陆）与港澳台各大城市 22 家著名律师事务所组成，构成跨地域的法律服务网络。因此锦天城能够协调众多国内外专业机构和人士，为客户提供全方位、多领域的法律服务。

2. 实习主要过程

今年暑假前的最后一次考试结束后，我就来到了锦天城杭州律师事务所继续实习。今年二级合伙人（李波）给我分配了任务，在实务导师的帮助下，我熟悉了证券市场 IPO 及其流程和有关文件审阅批查业务活动，对公司上市的要求、上市文件的整理、进入 IPO 的要求以及流程等都进行了系统学习。将理论知与实际工作相结合，在不断地尝试和实践提高自己的专业水平，为接下来更好地在所里实习和今后的操作更加熟练做准备。李波律师让我和另一位有经验的律师一起到宁波的太平鸟服装有限公司出差，让我协助律师做太平鸟集团的 IPO 项目。

我在这方面接受的知识还是空白，所以要从头来，因为去年的新三板的知识给我打下过不少的基础，所以我觉得我在这方面的接受速度还是很快的。最主要的还是要区分开 IPO 和上市，但是未上市的企业，通过股票上市可以使股票所有的创业者资产得到膨胀，当股票卖出去时，可以得到一笔收益，用来扩大再生产。在我国证券市场上，IPO 是股份有限公司上市的一种形式，相对于买壳上市而言。一般的理解，IPO 就是上市。其实严格意义上说，IPO 只是股票发行，发行和上市是两个环节。现在企业向证监会提交的申请文件也写得是"首次公开发行并上市"。所以理论上存在发行后不能上市的可能。

所谓的 IPO 就是首次公开募股，是指一家企业或公司（股份有限公司）第一次将它的股份向公众出售（首次公开发行，指股份公司首次向社会公众公开招股的发行方式)。

通常,上市公司的股份是根据相应证券会出具的招股书或登记声明中约定的条款通过经纪商或做市商进行销售。一般来说,一旦首次公开上市完成后,这家公司就可以申请到证券交易所或报价系统挂牌交易。有限责任公司在申请IPO之前,应先变更为股份有限公司。

另外一种获得在证券交易所或报价系统挂牌交易的可行方法是在招股书或登记声明中约定允许私人公司将它们的股份向公众销售。这些股份被认为是"自由交易"的,从而使得这家企业达到在证券交易所或报价系统挂牌交易的要求条件。大多数证券交易所或报价系统对上市公司在拥有最少自由交易股票数量的股东人数方面有着硬性规定。

实习过程主要包括以下几个阶段:

第一,了解有关证券法、公司法,合同法等与IPO、证券方面有关的内容,并且学习深入。

第二,学习IPO基本流程及方法案例,学习写作律师法律意见文书以及尽职调查底稿。

第三,学习在实务中应用实践,在个案太平鸟服饰有限公司上市案中提高自己的对IPO流程的熟悉。

第四,总结实习经过,并完成实习手册、实习报告。

3. 实习主要内容

这次来到律所已经是我经过大一暑假大二寒假的第三次实习,来到律所的第一天我被二级合伙人李波律师安排到他们的团队工作,协助他们的律师一起工作。李波律师让我和他们一起开会,讨论的是上周工作的进度和这周的工作,会上处理了一些在非诉讼方面的关于新三板IPO的问题。李波律师让我回去多多复习IPO的法律意见文书和底稿,给我一个招股说明书研读资料和《IPO上市的管理办法规定(2016年2月)》,让我好好看一下,并顺便浏览一下中小企业投资股份转让的网站。随即安排了我和带我的律师去宁波太平鸟服装有限公司给他们做IPO,定好车票第二天出发。到了宁波放下行李开始一天的工作,一开始律师就让我整理底稿,还是最基本的工作,但是太平鸟的底稿实在是太多了,看得我头昏眼花,还好我按照目录一点一点地检查。和我一起工作的还有海通证券和立信会计事务所的人,因为IPO要三方(律所、证券公司、会计)合作完成,所以我也认识了很多新同事。同事们工作都十分努力,我想我也应该拿出大学生应该有的朝气来做工作。

在工作中,商标、专利、著作权等,还有文件底稿的整理排版,以及政府的补贴奖励、直营店、加盟店等的表格也要整理、统计、分析。每个分公司的房产土地证、经营的状况、续约情况、店铺大小、合同三方以及合同的复印件都是我亲自审理的，从中我学会了超级多的知识，俗话说得好，实践出真知嘛。

4. 实习的主要收获和体会

在短暂而充实的实习过程中，我深深地感觉到自己所学知识的匮乏。本来在学校里自以为学得还不错，但一接触到实际，才发现自己是多么得无知。这时我才真正领会到学海无涯的含义，我学到了在学校学不到、掌握不深的东西，对我接下来的学习和今后走向社会参加工作无疑是很有帮助的。关于新三板和IPO的工作是很难接触到的，所以我觉得每年都能有一次这样的实习机会是十分不容易的。法学是一门实践性很强的学科，法学需要理论的指导，但法学的发展是在实践中完成的。你虽然知道IPO的所有步骤及所需要的文件，可是在做实务的时候还会不知道什么时候整理什么东西，遇到突发状况也不知道怎么应对。做事首先要学做人，要明白做人的道理，如何与人相处是现代社会的一个基本问题。对于自己这样一个即将步入社会的人来说，需要学习的东西太多，他们就是最好的老师。实习只要有了收获，那它就是成功的。

或许这次实习最大的收获是我本人观念的转变。以前曾经认为法学这门学科暗淡无光，现在却有了一种从未有过的豁然开朗的感觉。我愈来愈发现自己对法学有了兴趣和信心。从律师们的身上，我感觉到了他们对法律工作的热爱，而他们的行动也证明了这一点。将对正义的追求和自我价值的实现结合在一起，这本身就是一件无上光荣的事情。我想，我今后的路还很长，当下所能够做的就只有用大量的理论知识武装自己，培养法律思维和其他基本社会人文素养。

最后，我想向为我的实习提供过帮助和指导的律师致谢，感谢你们为我的顺利实习所做的帮助和努力。实习时间虽然很短，但我从中感触颇深。这次实习还让我懂得了为人处世的态度和方式，那就是既要谦虚好学又要适当肯定自己。通过这次实习，让我更清楚地了解自身的优势和不足，学到了学校里面学习不到的知识，而且和律师的感情更加深厚，所以很感谢这次学习机会，让我对有关非诉实务知识的了解有了进步和提升。

◎ **自我风采**

我是 14 级非诉班的王庆昊,当时也是误打误撞,抱着试一试的心态来考了这个实验班,结果和法律一打交道,完全改变了我的求学之路。

我性格开朗活泼、善于结交各种不同的朋友,觉得和人打交道也是一种乐趣,对生活和世界的不同体验,比较开朗能接受各种不同的新鲜事物。对文艺方面有着执着的热情,热爱舞蹈、音乐以及时尚。

实习经历及获得荣誉:

参与上海锦天城(杭州)律师事务所 newings 新翔 新三板挂牌实习

参与上海锦天城(杭州)律师事务所 宁波太平鸟服饰有限公司 IPO 上市实习

浙江财经大学《会脸快》大学生艺术展演一等奖

学校毕业生晚会表演活动

担任浙江财经大学校舞蹈队副队长

参与浙江财经大学创新创业大赛开场舞

编排 2015 届法学院歌唱比赛以及法学院主持人大赛开场舞

编排 2015 年浙江财经大学"'五四'舞蹈大赛"——《梁祝》舞蹈

任职于浙江财经大学校文艺部和法学院文艺部

◎ **法路思语**

其实一开始没有接触到法律的时候我对任何人和任何事情都一样,是用着微博上所说的键盘侠的眼光来看待世界,但是我学了法律之后,学会了用辩证的眼光来看待任何事物。老师总是说法律人是人类思维中顶尖的,因为他们的思维是别人学不来的,是别人遥不可及的。的确,这几年我的脑海中对法律人的理解多了很多。人生总有许多波折,只要自己在自己想要追求的路上努力了,就不枉自己曾经奋斗过,即使失败了也会笑着面对。慢慢品味自己的法律之路,觉得自己当时选择学习法律是一个不错的决定。

余姚市人民法院实习报告

2014 级非诉法律实验班　王　霞

摘　要:在暑假为期一个月的实习期间,在指导老师的帮助下,笔者熟悉了法院的基本工作流程,学习了法律的基本内涵,就案件审理有了基本了解。通过这一个月的学习,笔者学会了将理论与实践相结合,在不断地尝试和实践中提高自己的专业水平,为以后的学习提供了实践知识。

关键词:余姚人民法院;法解释学;自由裁量权

1. 实习单位简介

余姚法院创建于 1950 年 4 月,现设政治处、监察室、办公室、司法行政科、审判管理办公室、法警大队、刑庭、民一庭、民二庭、民三庭、民四庭、行政庭、立案庭、审监庭、未成年综合庭、执行局、执行监督科、执行实施科、执行综合科、信息技术科等 20 个内设机构,下辖泗门、马渚、梁弄、丈亭、陆埠、低塘 6 个人民法庭,另设有审判保障中心为法院下属全额拨款全民事业单位。截至 2015 年 1 月,全院有编制 202 名(行政编制 188 名,事业编制 14 名),在职干警 174 人(行政编制 164 名,事业编制 10 名),临聘人员 63 人;在职干警具有本科以上学历占总人数的 89.1%,其中硕士以上学历占总人数的 14.1%。余姚法院现使用的审判大楼系 2000 年 9 月落成,2010 年 9 月经改扩建后投入使用。

余姚市人民法院受理本辖区内各类案件包括:(1)合同履行地在本院辖区的案件;(2)侵权行为地、侵权结果发生地在本院辖区的案件;(3)不动产在本院辖区的案件;(4)交通事故发生在本院辖区的案件;(5)诉前财产保全的财产在本院辖区的案件;(6)被限制人身自由在本院辖区的案件;(7)最初做出具体行政行为的行政机关在本院辖区的行政案件(集团诉讼及市人民政府为被告的除不动产登记外的行政案件、属于中级人民法院一审的案件)。

审理标的范围包括:(1)争议标的金额在人民币 5000 万元以下且当事人一方住所地不在本辖区的第一审民事和商事案件;(2)发生在本辖区内诉讼请求

或争议标的金额在人民币 1000 万元以下的第一审涉外和涉港、澳、台商事案件,以及诉讼请求或争议标的金额在 2000 万元以下的一方或双方当事人是外商独资企业的第一审商事案件;(3)发生在本辖区内除专利、植物新品种、集成电路布图设计纠纷及驰名商标认定案件之外的诉讼请求或争议标的金额在人民币 500 万元以下的第一审知识产权民事案件。

随着社会经济文化的不断发展和法治化进程的逐步推进,人民法院审判工作任务也越来越繁重。近年来法院收、结案数量一直居高不下,呈逐年上升趋势。2014 年共受理各类案件 18093 件,办结 18725 件,同比分别上升 16.60% 和 21.92%,为建设美丽富裕幸福新余姚提供了有力的司法保障。

2. 实习主要过程

在法院实习的一个月中,我跟着袁法官学到了许多实务知识,得到了极大的提高。实习过程主要包括以下几个阶段:

第一,整理和装订、扫描案卷。

第二,参加法院旁听。

第三,参与法院调查。

第四,总结实习经过,并完成实习手册、实习报告。

3. 实习主要内容

在法院的实习期间,我主要了解了法院的办事机构以及工作流程,日常工作以整理卷宗、打码盖章、立案归档、送达材料等为主,我还有幸旁听了交通事故纠纷、民间借贷纠纷、担保责任纠纷、追偿权纠纷、确认无民事行为能力等民事案件以及盗窃、抢劫、危险驾驶等刑事案件的审理,同时参与了几次法院调查的工作。

在法院旁听的过程中,并没有如影视作品中唇枪舌剑式的激烈争辩,许多案件也多以调解撤诉结案。例如我旁听的第一起案件,开庭主要内容是原被告双方进行质证以及被告提交重新鉴定申请书,但由于被告的律师未能出庭,再加之被告自身法律知识不足,案件审理变得非常艰难。事实上,律师作为具有专业知识的法律工作服务者,在接受当事人委托后,应当全面尽职,不应以“没有买到车票”之类荒唐的理由搪塞当事人。本案中鉴于被告难以完整清晰地表达自身请求,不能充分理解质证之意,法官在正式开庭前向被告详细地进行了讲解。从此次开庭中我了解到,基层法院在审理案件过程中经常遇到代理律师不尽职而加重法官审理负担,导致案件审理耗时耗力的情况,可见法治建设还必须加强社会法律工作服务者的职业道德素质。同时,我还了解到一旦案件进行重新鉴定,将会大大拖延审理完结时间,实践中具有相应资质的司法鉴定机构数量有限,但每日申请重新鉴定的案子不计其数,鉴定机构的工作量指数增加的同时也加大了审限压力,一定程度上降低了司法效率,可见为加强司法建设还必须多鼓励开设具有相应资质的司法鉴定机构。

在旁听学习有关案例审理的过程中,我还对许多生活中的法律问题有了更为深入的了解。例如旁听投保险纠纷案件,我学会了正确理解商业保险"零时起保"的行业惯例以及合理处理实践中在投保缴费与零时起保的空档期间发生的保险纠纷。"零时起保"是指将保险合同生效时间设在合同成立的次日零时或者约定的未来某一日的零时保险业的惯例,旨在方便保险机构的管理运行,降低保险风险,但事实上其无法律上的依据,若出现在保单上,作为格式条款的存在,保险机构必须进行提示并明确说明,而对于投标人来说提交了投保单并交纳了保险费,其保险合同义务已经履行,若保险人在保险期间开始前免责,不符合对价平衡原则和投保人的合理期待。因此该惯例或格式条款不能免除保险机构的承保责任。同样在保险责任纠纷的庭审旁听过程中,我还学习理解了保险合同中对免责条款加粗、加黑、集中印制,且投保人已在免责声明中签字的情况下,保险机构能否免除赔偿责任的认定。保险法第 17 条明确免责条款必须有相关提示以及书面或口头的说明,未做出提示或明确说明的,不产生效力。事实上保单上的特别提示款以及相应的声明,只是预先拟定、重复印制的格式条款,目的在于免除其应尽的说明义务,实质上又是一个免责条款。在案件审理过程中,保险公司以保单上写明"驾驶证超过有效期"为由,对投保人在更换旧证与新证的合理期间内发生的交通事故拒赔。法官在对免责条款进行释义的同时,运用法解释学的知识,对"有效期"的定义进行了文义解释、体系解释以及目的解释,对其内涵及外延进行界定,结合保险法关于保险合同不利解释原则并从保险机构以及投保人的目的分别进行分析,认为有效期应当理解成驾驶证本身效力期限届满,而非其上载明的有效期,实质上与无证驾驶有相同的法律效果,更符合合同的目的,进而保障了投保人的合法利益。

在复杂多变的实践中,我真切地感受到法解释方法贯穿于案件审理的全过程。例如在一起金融案件中,公司股东以股东知情权和查阅权为依据要求公司提供会计原始凭证,却遭到公司方面以《公司法》第三十四条规定的查阅权范围不包括原始凭证为由的拒绝,进而诉至法院。那么公司股东是否有权查阅公司会计原始凭证呢? 运用法解释学进行分析,我国 2006 年 1 月 1 日起实施的《公司法》第三十四条以列举式的方法明确规定了股东查阅权的范围,其中并不包括原始凭证,在文义解释上,会计凭证是指记录经济业务、明确经济责任、按一定格式编制的据以登记会计账簿的书面证明,是编制会计账簿、会计报告的基础,在体系解释上,我国《会计法》又对会计报告、会计账簿、会计凭证的概念分别做了区分,三者并不交叉,也不能混同。同时《会计法》要求会计报告、会计账簿、会计凭证内容必须相符,所以理论上股东通过查阅报告、账簿已经足够保障其知情权。但在所有权和经营权相分离的制度前提下,随着现代企业日益庞大化、复杂化、专业化,绝大多数股东处于信息严重不对称的弱势地位,特别是中小股东的利益难以得到保护。此时运用目的解释的方法,在不损害企业权益的前提下,对股东查阅权予以扩大解释,不仅可以对管理权滥用进行有效制约,还充分保障了股东的合法权益。可见在实践中,并不能照本宣科地适用法条,还必须从社会价值、利益衡量的角度进行合理解释。

在实践中法官心证以及自由裁量权的功效发挥到了极致。我旁听的多起侵权案件中当事人对侵权行为、过错、结果的认定争议较少且易于解决,大多数是对赔偿比例及数额难以达成一致,而实践中对于原告无票据支持的诉请,则要法官充分发挥其自由裁量权,参照生活经验,于法于情进行判决。例如我旁听的一起交通事故纠纷中,原被告对于侵权行为的过程及结果均无异议,主要争议焦点就在于赔偿金额的确定上。原告主张保险公司(第二被告)在交强险及商业险范围内赔偿医疗费、营养费、住院伙食费、误工费、护理费、交通费、残疾赔偿金(残疾等级十级)、被抚养人生活费、财产损失费(车辆碰撞修理费)、后续医疗费、精神损失费、鉴定费以及生活用品费(住院期间),总计数额庞大。那么被告保险公司又如何抗辩呢?针对数额最大的医疗费,保险公司一般都以"非医保用药"为由不予赔偿,而对营养费、精神损失费、鉴定费、生活用品费多以"不在保险赔偿范围内"为由不予认可,对于误工费、残疾赔偿金、被抚养人生活费则多主张以农村而非城镇居民人均可支配收入为标准计算。

依据最高院出台的司法解释,统一界定城镇居民和农村居民的划分标准,并努力扩大城镇居民的适用范围,除非农业人口应确定为城镇居民外,下列人员也应属于城镇居民:(1)对已经规划为城市用地范围的居民(包括常住一年以上外来居民)为城镇居民;(2)在外地城市和县城所在地经商、学习一年以上农村居民;回国暂住、常住的华侨,为城镇居民;(3)其他应该确定为城镇居民的为农村居民。原告一般可以提供事发前至事故发生时已满一年的暂住证、本地区居住地公安机关出具的流动人口信息登记表等其他书面证明、居民委员会出具的书面证明、房屋租赁合同或房屋产权证明等相关书证以对抗被告以户口本上的农村户口为由的答辩意见。

司法实践中,案情复杂多变,且证据易于缺失,此时法官的自由裁量权必须发挥其最大的效用,正如美国大法官霍姆斯所说的"法律的本质不是逻辑,而是经验"!

4. 实习的主要收获和体会

在实习的四周时间里，我真切地感受到法律工作并不如我以前想象的那么简单，工作中遇到的种种情况也让我深刻意识到法官也是普通人，他们也要做大量琐碎的工作，而不仅仅只是在法庭上挥挥小锤就可以维护法律正义的，他们也要进行调查取证，也要对证据进行排查，也要查阅各类材料，里面的辛酸和汗水是常人所无法想象的，即使面对当事人的无理取闹，即使要顶着压力办案，也必须要保持公平公正的心态对待每一起案件。

同时在实习过程中，我发现法律的普及至关重要，而我国为推进法治建设所进行的多年的普法宣传教育活动，也取得了极大的成就，人们的法治观念、法律意识有了很大的提高，这在每年不断增加的受理案件数量中可见一斑。但是在普法的深度与广度上还存在一些不足，百姓对法律的认识存在片面甚至是歪曲，因此普法活动不能只做表面文章，要深入实际，真真正正地让人们了解法律、法规的含义，并在这个基础上，逐步确立人们对法律的信仰，确立法律的神圣地位。只有这样，法治建设才有希望。

这次实习不仅是把理论运用于实践，更是积累了工作经验，为以后的就业打好基础。本次实习开阔了我的视野，使我对法律在现实中运作有所了解，也对专业技能有了进一步的掌握，更加坚定了我要在法律这条路继续走下去的信心。

◎ 自我风采

　　我是 14 级非诉实验班的王霞,也是芸芸法学生中的一名,能成为浙财法学院第一届非诉法律实验教学班级的学生之一,我感到荣幸至极。这次的实验教学是整个浙江省,乃至整个法学本科生教育中的第一次尝试,因此,我充满感激的同时也倍感压力。

　　三年的法学教育给我带来的收获不仅限于对法律知识点的了解掌握,更在于所培养的法律精神和法学逻辑。法律是一门社会学,是一门动态学科,法条的内容或许会随时代变迁,但其背后的价值精神是永恒的,而大学的法学教育为我的法路成长奠定了最坚实的基础。

　　我个人比较慢热,喜欢用时间去证明。俗话说"日久见人心",无论是在人际交往中,还是学习工作中,付出时间上的努力,会让人看清一个人的心性,也会将所思所得沉淀下来。或许,作为一名法科生,沉下去比浮起来更有意义。

获奖展示:

2014—2015 学年　优秀学生三等奖学金

2014—2015 学年　优秀团员

2015—2016 学年　优秀学生二等奖学金

2015—2016 学年　三好学生

2015 年创新创业竞赛论文类三等奖

体育:

2015 年法学院非新生羽毛球比赛女单第三名

2015 年男女混排第五名

2016 年第三十届田径运动会 10×800 团队第六名

任职:

班级心理委员、校优秀志愿者、法学院青协会长

◎ 法路思语

　　有人说,大学一年级是不知道自己不知道,二年级是知道自己不知道,三年级是不知道自己知道,四年级是知道自己知道。可我认为,即使是到了三年级、四年级,我所知的还是甚少,还只是远远地看到了法学的知识宫殿,努力朝着这个方向前进。我所知的是,这条法路是艰苦的、遥远的,但同样会是收获的、希望的,在摸索过程中,可以深刻地感受到自我的成长。未来或许是迷茫的,但只要坚定不移地在法学这条路上走下去,就一定不负所望。

浙联律师事务所实习报告

2014 级非诉法律实验班 王雅琴

摘 要：实习期间，在指导老师的帮助下，熟悉了非诉业务及合同法，对于处理劳动纠纷有所学习，将理论知识与实际工作相结合，在不断地尝试和实践中了解律师具体事务，为接下来学习专业知识和走出学校踏入社会做准备。

关键词：非诉事务；房地产；合同纠纷；民事调解

1. 实习单位简介

浙江浙联律师事务所（浙联）经浙江省司法厅批准于 2000 年正式成立，直属于浙江省司法厅。本所总部位于杭州市繁华的武林商业圈中心地段——中山北路 607 号现代城建大厦十六楼，拥有 1400㎡ 的高档办公场所；萧山分所位于萧山新区黄金地段——市心中路 819 号绿都世贸广场写字楼 902 室，拥有 300 余 ㎡ 现代化办公场所。

浙联拥有一支业务精湛、经验丰富的律师团队，现执业律师 46 人，其中具有高级职称律师 9 名、中级职称律师 16 名，研究生学历占 50％以上；与浙江工业大学法学院的紧密合作，使得本所的实务和理论研究有了更好的结合。

浙联数名资深律师现已被选为：浙江省法学会副会长、中共浙江省"依法治省"专家咨询委员会成员、中共浙江省委政策研究室特邀研究员、浙江省政府政策研究中心特邀研究员、浙江大学房地产研究中心高级研究员、浙江省公安厅法律专家咨询委员会委员、浙江省检察院专家咨询委员会委员、浙江省律师协会建筑房地产业务委员会主任、浙江省格式条款专家咨询组专家、浙江省消费者协会法律专家委员会委员、杭州仲裁委员会仲裁员等。

浙联是一家以房地产、公司业务为专业特色的综合型合伙制律师事务所，在建筑房地产、公司事务、金融保险、知识产权、国际贸易、民商事、刑事诉讼、涉外谈判、仲裁等领域都有较强的实力；在保持已有的专业特色的基础上，将更加适应市场实际的需求。

浙联成功地承办多起在省内外有影响的非诉讼和诉讼业务,其中包括"投资 5 亿元的水处理 BT 项目谈判""法国华商会在嘉兴投资房地产项目全程法律服务"等非诉讼法律业务和"义乌商品房质量纠纷索赔案""肯德基指甲案""两妻纠纷 1500 万元遗产案""彩票纠纷案""解脱某集团公司 1700 万元金融担保案""丽水 1888 户农民与浙江大学种子科技中心索赔案"等国内外具有一定影响的诉讼大案名案。

担任政府部门、新闻媒体、金融机构以及大型集团公司等 100 余家单位的法律顾问,其中包括:浙江省华侨联合会、浙江省科技咨询中心、浙江西湖文化广场、浙江南都房产集团、杭州滨江房产集团,以及萧山区的浙江航民集团股份有限公司、浙江道远化纤集团有限公司、浙江国泰建筑集团有限公司、杭州三江置业有限公司和滨江区的滨江沿江景观建设指挥部、浙江万利集团有限公司、浙江东冠建筑有限公司、浙江之江水泥集团公司、杭州坚塔混凝土有限公司等大型企事业单位。

常年为浙江电视台、杭州电视台、钱江晚报、每日商报、楼市杂志等新闻单位所办的栏目解答有关房地产建筑、WTO 规则、知识产权、涉外经贸等方面的法律疑难问题。

同时作为浙江省消费者协会法律专家委员会委员、浙江省律师协会与浙江省消费者协会共同组建的律师支援团成员,为省消协提供法律意见,并接受省消协的委托,在浙江维权网上为全省消费者提供法律咨询,在维权方面取得了巨大的社会效益。

乐于公益活动,长期资助困难学生,义务提供法律援助。

2. 实习主要过程

在大一下学期结束的第一周,也就是 2015 年 7 月份,我们班开始了集体实习,我有幸申请到了在与学院多有合作的浙联实习,并幸运地由戴和平律师指导,接触非诉事务及房地产纠纷。实习的内容考虑到我专业知识的不足,而降低了难度。

实习过程中正巧戴律师的顾问单位黄龙股份经济合作社产生一系列合同纠纷问题,我有幸参与其解决过程。7 月中旬,黄龙股份经济合作社与新时代广场续签合同,重新协定租金;另外黄龙股份经济合作社作为聚龙公司股东,对其公司管理产生异议,认为其总经理越权,欲以法律手段处理。我与戴律师的合作律师徐律师共同参与其开会,主要是学习徐律师作为顾问律师的处事方法以及对待合同纠纷的解决方法。

实习过程主要包括以下几个阶段:

第一，了解房地产法律，了解我国现行有关房地产的法律法规。

第二，学习律师如何与当事人沟通以及其待人接物的方式。

第三，学习有关合同法的内容，了解一些实务操作。

第四，总结实习经过，总结收获，并完成实习手册、实习报告。

3. 实习主要内容

第一周是熟悉律所环境，与律所商定了上班时间，确定了基本工作。周一正式开始暑期实习，与戴和平老师进行交流，确认暑期实践的内容，并确定了我主要实践方向，然后快速进入角色；后面几天只要空下来，就阅读戴律师推荐的中华人民共和国法院公报，感受法律文化，寻找论文灵感；周三的时候，与徐律师去黄龙股份经济合作社进行合同的洽谈，参与会议，从中了解非诉律师的日常工作；周四与社区律师进映月社区参与一场民事调解，走进社区，了解社区律师的工作；周五与徐律师再次外出，解决黄龙股份经济合作社合同后续谈判问题，并予以调解。

第二周主要学习律师待人接物的方式及与当事人沟通的技巧。了解到对当事人要有耐心，并引导他完整地叙述事实，同时也不能全然相信当事人的话，有时他们可能为了维护自己的利益及尊严而隐瞒一些真相。律师在与当事人沟通的时候，要首先判断其事件的法律关系，理清事件的来龙去脉，其次决定是否受理该案件，并询问当事人是否愿意出相应费用，是否继续下去，最后对当事人告诫并不是百分百的胜算。律师说话一定要有其逻辑性和有序性，不能被当事人影响。

第三周王俊老师、毕岩智老师及李政辉老师来访，与大家讨论实习的情况，并指出其中不足。我们认为实习期间的主要问题是实践机会少，效率低，没办法利用有限实习时间，其次就是专业知识浅薄，一些实习中遇到的专业性名词弄不清楚。而各实务导师也给了很多建议，其中我的实务导师戴律师建议我们不要着急，要一步一个脚印，不能囫囵吞枣，要细细品味学到的知识，在空闲时间要多阅览新闻，了解时事。最后李院长总结我们实习首先要学导师待人接物的方法，其次学习律师解决事情的通用方法和个人方法，最后要怀着一颗感恩的心。

这周我们也去了浙联律所的萧山分所，与萧山分所进行交流，了解律所的另一种运作方式，以团队合作为主。其中萧山分所的来波主任给我留下很深的印象，她说做律师，要热爱你的生活、热爱你的职业，要受人尊敬，首先需要自己不断完善自己，对工作充满热情。我受益颇多。

最后一周主要就是阅读法律条文和经典案例，并寻找有关房地产市场调控的资料,与导师探讨其中问题,确定论文的选题,为论文找素材,并总结实习内容,整理相关材料。

4. 实习的主要收获和体会

在这短短四周的实习中,我学到了在学校不可能会接触到的知识,了解了实务与理论的差别,并更深入了解了房地产法与合同法的相关知识,也为我未来三年的学习积累了经验,这次的实习,为我未来的法律学习奠定了一些基础,也增添了一些信心,指明了未来的工作方向。

首先,此次实习让我意识到理论知识与实践的差距。在学校学习的法律知识和其实务中运用的知识还是有出入的,实习的这一个月,我深感自己专业知识储备的不足,也下定决心要不断完善自己的水平。

其次,我学会了律师们待人处事的一些方法,并学到了实践出真知,树立了终身学习的观念。律师们尽管有的已经入行 20 多年,但仍在不断学习,探索新领域,与时俱进。例如法律行业兴起的新三板业务,就需要律师从头学起。作为律师,还需要责任心和不怕吃苦的决心,要对每一位当事人负责,对每一份案件负责,才能在法律这条漫漫长路上越走越顺。

最后,我通过此次实习学到做人要踏踏实实,慢慢积累生活经验,要不怕困难,怀着感恩的心前行,对生活要充满激情。因为有些时候,律师会遇到各种阻碍和不顺,在这种时候,要放松心态,认真谨慎做事,不能因为小事而被打倒,最后谦虚做人,努力做事!

◉ 自我风采

我是浙财14级法学非诉实验班的心理委员王雅琴。

自身优势和特长：善于自主学习，掌握知识能力迅速。对待生活，作为班级心理委员，能以乐观的心态面对不同挑战，自我调节能力较强，抗压性也超强。做事认真努力，脚踏实地。有团体意识，注重团队合作，组织能力强。价值观正，正义感强。

不足：做事保守，没有闯劲，不善于过多的交际。

获得的部分荣誉如下：

浙江财经大学 2014—2015 学年励志奖学金

浙江财经大学 2015—2016 学年励志奖学金

浙江财经大学 2015—2016 学年三等奖学金

◉ 法路思语

在高考结束后，受到文科专业的限制，被迫选择了法学这一专业，虽然不是初心，但在这几年的学习中，逐渐发现了法学的魅力，法律一直在保障着人民的合法权益。正如亚里士多德所说，"法律就是秩序，有好的法律才有好的秩序"，在律所实习的经历，也让我对律师这一行业有了更进一步的认识，随着自己法学理论的不断提升，对法学的喜爱只增不减，相信未来我可以持这这份热爱，在法律工作中贡献出自己的一分力量。

浙江泰杭律师事务所实习日记

2014级非诉法律实验班　谢嘉伟

摘　要：实习期间，在指导老师的帮助下，笔者熟悉了各类法律文书，对于律师委托合同、民事诉讼律师文书、刑事诉讼律师文书、行政诉讼律师文书、非诉讼律师文书等进行了系统的整理，构建了各类律师文书的范本，并且接触相关文书的真实案例。还在指导老师的指导下，整理了各类工商变更所需的材料和流程。将理论知识与实际工作相结合，在不断地修改和实践中提高自己的专业水平，为接下来的学习和以后走出学校踏入社会做了充分的准备。

关键词：律师文书；文书范本；工商变更

1. 实习单位简介

　　浙江泰杭律师事务所（泰杭）成立于2004年，是浙江省内具有中等规模的综合性法律服务机构，浙江省优秀律师事务所。泰杭自成立以来经历了从个体作业向团队化、专业化作业的发展历程，并确立了中等规模品牌所的市场定位。通过一系列的研究和改革，泰杭现已建立了先进的管理模式和专业化团队作业模式，完善了律师晋升机制及实现资源共享的路径，有效地提高了法律服务质量。泰杭仍将坚持不懈地积极探索中国特色律师事务所的建设和发展道路。

　　泰杭作为一家胸怀大志、追求卓越的律师事务所，始终坚持"维护正义，恪守诚信"的服务宗旨，因泰杭深知"律师是社会正义的守护者，诚信乃律师立身之本"。泰杭作为一家综合性律师事务所，始终贯彻最大程度维护客户合法利益的执业理念，为客户及时提供专业、务实的法律及商务解决方案。2005年以来泰杭一直致力于企业经营风险防控体系，帮助广大客户树立了法律风险防控意识及完善了法律风险防控机制。2011年泰杭在多年实践的基础上进一步向广大中小企业推出了"企业法务托管"的法律服务产品，切实解决了中小企业在发展过程中迫切需要的法律需求问题，深受中小企业的欢迎。同时泰杭作为浙江省产权交易所会员单位，在股权交易领域一直为企业提供着专业、高效的法律服务。

泰杭现拥有具有博士、硕士等学历的律师及各专业人才共 30 余人。泰杭管委会为事务所最高经营决策机构,泰杭党支部发挥了先锋模范作用,同时泰杭设立了民事法律部、合同法律部、劳动行政法律部、建筑房产法律部、公司法律部及刑事法律部六个专业化法律服务团队。泰杭作为中国特色律师事务所,在社会公益领域一直积极履行法律援助义务,同时每年免费为群众解答法律咨询近千人次,并积极参加律师信访值班及律师进社区等公益活动。2011 年泰杭被杭州市委办公厅、杭州市府办公厅授予 2009—2010 年度"律师进社区"工作先进集体,致力于从维护当事人利益出发,寻求利益的平衡点,找到和解方案,泰杭多名律师获得过杭州市工会法律志愿者先进个人、法律援助先进个人等各类荣誉称号,是司法局重点培养对象。

2. 实习主要过程

在大一暑假刚开始的第一周,学校安排了我们班进行暑期实习。我和其余三位同学有幸进入浙江泰杭律师事务所进行暑期实习。在四位实务导师的安排下,我们先共同进行了各类法律文书的整理工作,因为熟练掌握各类法律文书是作为一名合格的律师的基本功。因此律所将之前所做过的相关案例的法律文书给予我们,我们进行修改整理,最终整合成相关范本。随后在各自的指导老师的安排下,进行论文写作。

实习过程主要包括以下几个阶段:

第一,了解各类法律文书,参考实际案例中的法律文书,查询相关法律法规,整理相关法律文书范本。

第二,根据指导老师的意见,确定论文的选题,并收集整理资料,进行论文写作。

第三,整理相关工商变更所需的材料与流程,重点掌握了其中七类变更所需的材料及流程。

第四,总结实习经过,并完成实习手册、实习报告。

3. 实习主要内容

首先,我刚到律所做的第一件事就是熟悉律所环境,律所环境十分安静,特别适合人们进行文本写作等工作。然后熟悉上下班的作息时间。

第一周进行的是法律文书归纳整理,整合常用法律文书模板。

一级目录分为律师委托合同、民事诉讼律师文书、刑事诉讼律师文书、行政诉讼律师文书、非诉讼律师文书;在律师委托合同中,二级目录分为法律顾问、刑事、民事、行政、非诉讼,在民事诉讼律师法律文书中分为诉前律师文书和诉讼律师文书,在刑事诉讼律师文书中分为法院阶段、公安阶段、检察院阶段,在行政诉讼律师文书中分为行政复议和行政诉讼,在非诉讼律师文书中分为公司治理法律文书、家事类和商事类。

我对各类律师文书进行初步了解,并独自思考,总结各类文书的基本格式,留下深刻印象,为以后的文书书写打下基础。文书的书写是律师的基本功,因此整理文书就是为以后的职业打基础。

收集相关法律文书,并筛选整理,整合出一套较为系统的律师常用法律文书的模板。

了解熟悉律师事务所的工作流程。了解律师大体的工作流程,及生活方式。

第二周进行的是实习论文课题学习,导师专业方向指导。

实习导师给予论文选题指导,分析当前法律热点问题,并提供相关专业知识的帮助。首先,导师分析从业经历中所遇到的热点法律问题,讨论该问题的研究意义如何,给予实习学生若干个论文题目,让实习生选择,然后就该问题就行分析研究,表达各自看法,由实习生整理,并且完成自己的实习论文。

导师专业方向指导,因为沈杰老师主要从事于企业法务及公司内部治理,因此指导实习生搜索整理工商变更所需的材料及流程。并且重点了解及掌握股权变更,董事、监事变更,法人代表变更,公司名称变更等几大方面的工商变更所需的材料及流程。

网络收集工商各项变更所需的材料及流程,进行归纳整理,对不详细或网上有出入的地方,打电话到工商局进行查询,最终整理出一份较为准确的所需材料及流程的文档。

查询论文相关材料及案例,保存相关资料,用于下阶段的论文写作。

4. 实习的主要收获和体会

在这次暑假实习中,我们两周的时间是在律师事务所中度过的,每天按时上下班,剩下的时间,我们在家中完成实务老师布置的论文工作。在这次的实习中,我们最大的收获就是大体掌握了书写各类法律文书的方法,并整理出相关的范本。因此我对业务前期的基本操作大致掌握。在提高专业水平的同时,其他方面的收获也是非常大的,学到了许多学校里所学不到的经验与教训。作为一名大一的学生,这次的暑期实习无疑成了我以后踏入社会的一个很好的试炼,为我今后更好地投入学习指明了方向。

首先,我知道了光学习理论知识,是无法在毕业后适应社会工作的,因为理论知识和社会实践经验,对于律师工作来说,缺一不可。在学校里一味地学习理论知识,若不结合实务经验,则无法深化相关的法律知识,进而也无法把这些知识纳为己用。这次的实习,给了我学习实务知识的机会,增强了自身自学能力与实务能力,为今后的学习打下更好的基础。

其次,在这次实习中,我还从一些资深律师身上看到了律师所需的基本素养:高度的责任心,不可缺少的耐心与细心。在处理各类法律文书的时候,会发现每篇文书用词都十分严谨,一些数据的处理更是毫无差错。并且,有些文书长达几十页、上百页,所以要想成为一名合格的律师,相关的素养必备不可。

最后,我还学到了如何在律所中工作。首先是与人相处的能力,在律所里,一个大的案件往往都是几名律师相互配合,共同协作而完成的,因此团队工作能力必备不可。并且,律所里面的每一位律师都有自己擅长的领域,在遇到某些自己不懂的问题的时候,可向其他律师虚心请教,取长补短,这样自己才能更好更快地进步。

这次实习让我更清楚地了解自身在学校学习方面的不足,学到了很多学校里学不到的知识,掌握了许多以后用得到的相关法律文书及工商变更的知识,更为我今后的学习打下了坚实的基础。

◉ 自我风采

我是浙江财经大学法学院 14 级非诉实验班的谢嘉伟。作为浙江财经大学中的一份子,有幸加入 14 级非诉实验班。

小学时曾梦想着当一名法官,挥舞着法槌,告诉被告我判你有罪,长大后却忘却了自己的理想,阴差阳错,大学的志愿调剂重新让我走向法律的理想。曾是理科生的自己,放弃自己喜欢的物理公式,拿起法律法规,抛下喜爱的化学反应,读起法律的渊源,忘却热爱的生物遗传,查起了法院判例。

但是选择了法律就要热爱法律,在学习法学的过程中,法学对我的吸引力一点点加大,愿自己能在法学的熏陶下,逐渐成为一名合格的法律人。

优点:做事充满热情,不怕辛苦,喜欢挑战,杜绝平庸;踏实,仔细。

缺点:喜欢独立完成事情,合作能力较差,不太喜欢新的环境。

◉ 法路思语

在我看来,法学表面看起来是枯燥无味的,但是当你步入法的殿堂时,所有的文字开始变得活灵活现起来,相信选择法学的你,一定会爱上法学。

愿所有的法律人随着我国法制建设的一步步完善,都能从法律中有所收获。

与法同行

——贵州惟胜道律师事务所实习报告

2014级非诉法律实验班　许　东

摘　要：实习期间在指导老师的帮助下了解律师事务所的基本工作，将理论知识与实际工作相结合，在不断的尝试和实践中提高自己的专业水平与素养，为以后的学习做准备。

关键词：现状；沟通；实务程序；开庭；卷宗

1. 序言

在我国社会转型时期，地域之间差别较大而导致各种思想观念、文化水平、体制制度的相互碰撞，社会矛盾纠纷日益增多。其中公司与企业之间的利益纠纷以及公民之间的利益纠纷较为严重。随着法制化进程的不断深入，非诉讼成为解决纠纷的重要形式，而贵州惟胜道律师事务所（惟胜道）就是一家以非诉讼的形式专门做商事案件的事务所，以团队模式提供法律服务。

2. 实习单位简介

惟胜道是一家做商事的律师事务所，以团队模式提供法律服务，具有较深的诉讼底蕴，在整个业界有良好的声誉。主要业务范围包括金融纠纷、建设工程纠纷、公司及股权纠纷等，惟胜道擅长处理疑难复杂的商事诉讼以及再审案件，目前已成功代理多起再审及抗诉案件，在商事诉讼领域具有丰富的实务经验及积累。

3. 实习主要过程

在实习期间我的主要职责是协助案件诉讼工作。主要实习科目是经济法以及商法，也涉及一些其他科目。

实习中我参加了几起案件的咨询过程，开庭审理，学习了标准的诉讼程序，真正从课本中走到了现实中，从抽象的理论回到了具体的现实生活。

在实习中我了解了案件起诉的过程及法庭庭审的各个环节,在和当事人沟通的过程中,观摩了律师的沟通技巧,言行举止,跟进具体的案件让我掌握了相关法律在实践中的适用情况以及适用范围。跟随律师实地了解案件情况,查阅与案件相关的材料,找出与案件相关的关键性法条,搜集有利的证据。同时了解和熟悉了诉讼程序及开庭的作用和职能,同时还配合律师助手做好案件的相关信息的笔录和开庭笔录,做好卷宗的装订归档工作。

4. 实习主要内容

实习期间我的主要工作是整理装订案卷,随律师做一些与案件相关的基本工作以及出庭。

整理卷宗就是把一个案子的所有材料按照相应的顺序排列,再定制成一本或者几本。整理卷宗不能只编编码,按照顺序,应边做边看卷宗里面的内容,了解里面的具体信息,否则无异于做无用功,失去了实习的意义。在案件处理过程中不论是实地察看、搜集证据、写起诉状还是整理相关的材料,遇到不懂的就要去办公室问前辈们,他们都很乐意回答。这些对于一个还未真正接触法律实践的学生来说都是宝贵的财富。

随实务导师实地考量时,我去过一个建筑工地。首先要对工地现场进行大致的勘查,再把当事人所描述的实际情况与现场进行对比,把一些相符的和不相符的实际情况拍摄下来,以作为局部证据使用。之后和导师一起与当事人做了一些案件交流,主要的是提取一些关键性信息,核实一些自己掌握的基本情况,这对于案件的实施具有至关重要的作用。

作为一名新手,刚开始一名导师让我起草一份起诉状,虽然之前在学校接触过一点,但是现实案件操作起来难度更大。首先是要看完与案件相关的所有材料,还要从中提取出具有价值的信息,按照相应的格式起草。主要要注意一些细节问题,尤其是格式和一些专业的法律用语,绝对不能口语化,在交代理由和陈述问题的时候,清晰的条理显得格外重要。我最后在导师的指点下才将起诉状完成。

印象较深的就是和导师去法院开庭。在此之前未曾进过法院,一直视法院为一个比较神圣的地方,在进去打探一番之后感觉和想象中的挺相似的,神秘感少了很多。在案件的庭审过程中,了解到了一些庭审的程序性,其中最重要的就是要按照法院的相关程序有序开展。在开庭过程中并没有想象中的那么玄虚,因为一切都是按部就班地完成,不论是庭审材料,驳斥的问题还是相关的证据资料,都是之前准备好的。因此律师最辛苦的工作不是在庭上,而是庭前,诸多材料问题的准备审核反复演练可谓是"台上一刻钟,台下十年功"。

5. 实习的主要收获和体会

在实习过程中我发现了自己所学知识的肤浅和在实际运用中的专业知识的匮乏,领悟到了学无止境的含义。但同时也明确了法学是一门实践性很强的学科,思维能力的提升和法学素养的进步都是在实践中来完成的。这一个月短暂而充实的实习过程对我来说是人生的一段重要的经历,也是将来走上工作岗位的一个重要步骤。

在惟胜道里,我还得到了领导和律师们的许多帮助。在学校期间,我学习的都是法律的基础理论和法律具体规定,对于法律实务,我感觉十分陌生。胡昂律师的帮助对于我的实习工作有着至关重要的作用,在这里我非常感谢他。到所里的前一段时间,我几乎什么都不会,是他一点一滴地很耐心地教我。在他的帮助下我学到很多东西。整整一个月的实习中,我一直跟着胡昂律师,到现在我俩已经成了好朋友。

通过实习,对法律专业知识和律师执业经验有了进一步的理解和掌握,尤其是律师实务方面。以前在学校主要是在理论上进行法律学习,实际运用法律解决现实问题的机会很少。而在律师事务所实习、工作就不一样了,直接到法律工作的最前沿,每天运用法律解决实际问题,解答法律咨询,审查修改合同,起草起诉状、答辩状、代理词,参加法庭审理等,从中学到很多律师执业工作的经验和技巧。以前学习过法律文书写作,知道起诉状的格式,但真正应用到具体案例中,就要好好琢磨一番,怎样把诉讼请求写得准确精练,最大限度地维护当事人的合法利益,怎样把事实理由写清晰,使法官一目了然,这都不是简单套用格式就能得来的。

在实习过程中我发现原来翻阅案例能学到很多很多东西。因为案例是各式各样的,有刑事类,有民事类,也有社会经济类等,涉及方面十分广泛,翻阅案例能对以前学过的知识重新梳理,温故而知新。一般的案卷对于怎么判、为什么会采取这样的判罚让人一目了然,可也有一些因学艺不深就无法全都看明白,那么办公室里的一堆厚厚的书籍便派上了用场,把个别已经淡忘的法学术语以及法学名词更加清晰地记录一遍,把案卷里的案例根据自己的了解写下来,并用自己的理解对整个案例进行解说和分析,这就得到了一个学习办理案件的机会,又得到了前辈们处理案件的基本经验,还能把以前只是纸上谈兵的知识温习一遍,何乐而不为呢?我同时发现,做任何事情都有其有利的一面,做任何事情要用善于发现的眼睛去慢慢学习一切,感悟一切,不要把自己比作海绵,我们应该把自己比作植物,慢慢吸收养分,进行光合作用、呼吸作用,慢慢成长。面对生活,我们总要抱着谦虚的态度逐步去尝试,取其长而补其短,那么我们的知识会和我们的生命一样不断茁壮成长，自身修养也就会不断得到提高，个人价值也就与日俱增了。

◉ 自我风采

我是 14 级非诉实验班的许东。我性格开朗、有活力，待人热情、真诚，工作认真负责，积极主动，能虚心与人交流，以取长补短。有较强的组织能力和团体协作精神，能迅速适应各种环境，并融合其中。社会责任感强，踏实肯干，主动争取锻炼机会.不断地完善自己，提高自身素质。在校期间担任学院体育部部长，组织过多项体育赛事，生活中热爱体育运动，喜欢音乐和书法，充满对生活的激情。我一直希望自己能够慢慢成为一个有独立见解的人，所以当有想法时，我就会周密计划，然后在实践中积累经验，为自己多增添一份经历。

获得的部分荣誉如下：

浙江财经大学 2014 级新生军训"先进个人"称号

浙江财经大学体育单项奖学金

浙江财经大学优秀学生干部

浙江财经大学跆拳道锦标赛－80kg 亚军

浙江财经大学书法大赛优秀奖

◉ 法路思语

在这三年的法学学习过程中，我渐渐理解法学是一门实践性很强的学科，思维能力的提升和法学素养的进步都是在实践中完成的。在参加实习之后,我发现其实法只是一种普通的社会规范,是每一个公民都能触到的,它无时无刻不在调整着社会主体的权利义务关系,在社会生活中随时随地发挥着举足轻重的作用。学法、懂法、用法、守法,这是我们每个法律人的权利与义务,也是我们每个法律人的责任所在。

拱墅区人民法院半山法庭实习报告

2014 级非诉法律实验班　臧佳蔚

摘　要：实习期间,在指导老师的帮助下,我熟悉了法院从立案到执行的过程,对法官、书记员的日常工作都有所了解,将理论和实际工作相结合,在不断地尝试和实践中提高自己的专业水平,为接下来走出学校踏入社会做好准备。

关键词：拱墅区人民法院;民事诉讼;司法制度

1. 实习单位介绍

拱墅区人民法院成立于 1955 年 7 月 1 日,1990 年 7 月,拱墅区人民法院和半山区人民法院合二为一,成立新拱墅区人民法院,2003 年由拱墅区德胜东村 18 号迁至拱墅区台州路 1 号办公。法院大楼占地面积 6680m²、总建筑面积近 11000m²;现有数字法庭 16 个,总面积 1400 余 m²。截至 2012 年 1 月,本院内设 12 个部门和 1 个人民法庭,行政编制 91 名,事业编制 22 名,其中副处级以上干部 14 名,科级干部 23 名,法官 59 名,大学本科及以上学历干警 101 名,占全院总人数的 89.4%,其中 32 人取得硕士学位。拱墅法院现设有政治处、办公室、监察室、立案庭、刑事审判庭、民事审判一庭、民事审判二庭、民事审判三庭(金融审判庭)、民事审判四庭(知识产权涉外商事审判庭)、行政审判庭、半山人民法庭、审判管理办公室、审判监督庭、司法警察大队,执行局(含执行一科、执行二科、综合科),等共计 15 个部门,以及诉调对接工作中心(内设机构)。

2. 实习目的

(1)切身体验一线法律工作者的日常工作,了解并体验司法审判的全过程,同时思考其不足,加深对于我国目前司法体制的认识。

(2)在实践中检验自己所学习过的关于民法与民事诉讼法相关的知识,通过实习弥补自身知识的漏洞,同时尝试用自己所学习的理论知识解决实际的问题。

(3)寻找理论法学与实际应用中存在的差异,明确自己在今后学习中所需要注重的理论与现实的差距,在差距中寻找专业学习的平衡点,更加明确自己今后的定位。

3. 实习过程

7月4日,我来到了拱墅区人民法院,开始为期一个月的暑期实习。我所在的拱墅区法院半山法庭是拱墅区法院的一个派出机构,位于半山,设立目的旨在为周边居民与企业参与民商事案件庭审提供便利。

我实习期间的主要工作是在书记员办公室进行辅助性工作。如复印文件,帮助书记员整理案卷,填写、送达法律文书,如起诉状副本、传票、判决书等。此外我还利用空余时间阅读和学习案卷,在通过证据了解基本案情后根据自己所学的专业知识对案件进行分析,之后仔细阅读法官所写的判决书,将自己的分析与法官的意见进行对比,寻找其中的差异并分析原因。在这个过程中我发现自己所学的理论知识在现实应用中存在很大不足,同时自己分析问题的思维过程也不够缜密,与专业法官仍存在一定差距,提高分析能力是我今后学习中所需要注意的问题之一。

在这次短暂的实践中,我发现自己的能力离实际工作的要求确实有一定的差距。举个例子,在卷宗整理完后,需要进行打码工作,双面都有字的就要双面都打上页码,其余的就打单页页码。卷宗的整理也非常考验人的耐心,每个案子都需要建立一个案卷以存档,案卷中法律文书的摆放都有严格的顺序,按照顺序排放好后就需要打孔装订,然后填写目录等。如在填写目录的时候发现文书顺序有问题就必须得拆开后再重新装订。此外,由合议庭审理的案件,同一案件的卷宗分为正、副两卷,正卷存放起诉状(及答辩状)、案件受理通知书、传票、各种证据、本案的判决或裁定,有时还有财产保全的相关材料等;副卷则存放合议庭评议笔录等内部文件。半山法庭的案件繁多,通常一个法官一个礼拜就需要进行八个到十个的开庭工作,有时更多,因此案卷的数量也是巨大的。由此可见作为书记员,不仅需要牢固的法律知识作为基础,也需要足够的细心与耐心。

在实习过程中我也旁听了许多案件的开庭,我所在的法庭处理的案件一般都是民间借贷和婚姻纠纷类的案件,这类案件十分贴近我们的生活。在旁听过程中我发现法庭并不是我想象中的那么严肃,由于案件纠纷,当事人有可能会在法庭上争吵,这时候就需要法官及时管理庭审秩序。有很多当事人并不了解民事诉讼法与民法的内容,这时候他们就会向书记员询问,书记员需要不厌其烦地告诉当事人审判案件的流程,另外还需要帮助当事人办理退费凭证,法律文书生效证明等。

之前我一直认为书记员和法官上班时只需待在办公室和法庭里,直到有一次我跟随书记员与法官一同参与了现场调查。可见法官的工作也并不是开庭写了判决书就结案这么简单,为了了解事实从而真正做到公正公平,法官也需要做许多体力活。一名法官不仅需要有独立的法律人格,更需要有崇高的法律素养与精神。

4. 实习感想

在实习之前,我们对法院的具体做什么工作的概念十分模糊。只是在《民事诉讼法》中知悉基层人民法院的受案范围,却从未进入法院内部仔细了解法院内部的工作。在进入法院之前,我非常向往能进入刑庭实习,首先我认为刑庭是检察院与法院同时工作的地方,既能跟着刑庭的法官学习处理刑事案件,了解法官审判的全过程,又能了解到检察官公诉时在开庭中的工作。其次,我认为刑庭是一个最为严肃的法庭,最能体现法官的谨慎与严肃。也最考验参与者的法律功底,以此作为实习地点锻炼自己最合适不过。最后,在我的脑海中,刑事案件距离我们的日常生活较为遥远,有些人一辈子都无法接触到,所以难免会对其产生好奇。但在半山法庭实习的一个月中,我明白只要自己努力跟着自己的导师,认真学习不懂勤问,不管在哪个法庭都能有所学习与领悟。

在半山法庭接触民事案件的这一个月以来,不仅仅是法学课堂上所学习的知识在实践中能够得以巩固,更多的是我还学到了课堂上书本上所学不到的东西。其实我们在学校中的单纯的理论教学离纷繁复杂的司法实践有着很大的距离,在学校中我以为学会了很多东西,但是在实践中我才发现一切都要从头开始学起。实习中整理卷宗是我们一项很重要的工作,这个是我在以前的学习中没有接触过的,鉴于卷宗将成为永久性的档案,整理卷宗时都必须非常仔细,排放的顺序,都需要仔细地去辨别,整理完后会觉得自己很有成就感。尽管做的事情都比较微小、繁杂,但每一件看似平凡琐碎的小事都蕴藏着丰富而深刻的学问,特别对于法律这门彰显公平与正义的学科,每一个细微的环节都事关当事人的切身利益。

案卷中在判决书前会有个判决书稿,当时我并不明白这是为什么。现在电子化设备如此发达,判决书只需在电脑上书写修改即可。其实,这也体现了法律文书中细节的重要性,由于电子屏幕与纸质的不同,有时候阅读纸质的文字会更容易发现错误。在真实的案例中,法律文书的严谨十分重要,有时候一个句子甚至一个词的改变,就会改变所有的意思。因此法官在写完判决书后将其打印下来,通常还会再修改两三次才会制作最后的判决文书,最后送达给当事人。

因此在实习中的我也不能太过于粗心大意,在处理每个细节时我都抱着小心谨慎的态度,遇到不能自己做决定的事就向带领我的书记员请教,书记员也会告诉我许多应该注意的细节。我也深刻地认识到了作为一名法律人身上肩负的社会责任,这让我既感到自豪又觉得任重而道远。

纸上得来终觉浅,绝知此事要躬行。在短暂的实习过程中,我深深地感觉到自己所学知识的肤浅和在实际运用中的专业知识的匮乏,我所学的都是大法或者说是严格意义上的法律,但在具体实务中,有很多起作用的其实是部门规章或者某个具体规定。法律是上层建筑,实务性很强,每年两会过后都有新法产生,各部门各行业都在摸索中不断改革,因此学法律的我们也必须与时俱进,时刻更新自己脑海中的知识。另外光学好专业知识并不能成为一个优秀的法官,在处理实际的事情中有许多问题是平时书本上没有写的,需要在实践中积累经验。

另外刚开始工作的法律工作者可能带有满腔的热情,但是在法庭上我们更需要的是丰富的经验与理性。我们对案件的判断会受到外界影响,带有自己的主观情绪,但法官需要的是以事实为依据,以法律为准绳来进行审判,需要的是排除自己的情感与外界的一切干扰,这是很困难却又是必需的。这要求我们不仅要有冷静的头脑与正直的品格,还要时时刻刻在心中有一杆天平,公平公正是法律者不可推卸的责任,也是我们学习者所追求的精神目标。

◎ **自我风采**

　　我是臧佳蔚,一个典型的双子座女生,对外界包罗万象的实物有着无休止的好奇心。虽说有很强的好奇心却总是犹豫着有些害怕失败,热爱生活喜欢旅游却很少有机会出去看看,拖延症晚期患者但也总是能够按时完成任务,相信人生不会十全十美但终究是美好的。曾在法学院学生会中任职,参与过多次志愿者活动,现任 14 级非诉班班长,作为班长,我总觉得自己还是不够成熟和称职,但这些学生工作让我觉得很充实,也让我成长了许多。

部分获奖荣誉:

浙江财经大学优秀学生干部

浙江财经大学优秀学生三等奖学金

浙江财经大学四十周年校庆志愿服务通报表扬

◎ **法路思语**

　　曾想过许多自己以后可能从事的职业：医生、教师、建筑师、作家，甚至还想过去制造航空器。可我却从未想过自己会学习法律，因为我觉得它实在是太遥远又太需要责任了。直到进入这个班级后，直到第一门法理学的课程开始后，我才终于意识到，以后的职业就是它了。

　　也许到现在自己也只是刚刚踏进了法律的大门，还没有站稳，也许今后还要肩负许多重任，但是我相信自己会在这条路上坚定地走下去，越走越远。

北京盈科(杭州)律师事务所实习报告

2014 级非诉法律实验班　张智丹

摘　要：初进非诉班时，笔者很希望通过对法律的学习得到思维上的提升，成长为一个理性、严谨、稳重、自律、自信的人。四年的学习与师友的相伴，让笔者离最初的梦想又近了一步。路漫漫其修远今，未来不忘初心，心怀感恩，努力成为自己想要成为的人。

关键词：成长；感恩；梦想

天下之事，闻者不如见者知之为详，见者不如居者知之为尽。通过一个月的实习工作，我深刻明白了这个道理。我的实习律所是北京盈科(杭州)律师事务所(盈科)。导师邵律师对我悉心指导，给予了我很多帮助，正由于他的倾囊相授，令我开阔了眼界，对律师领域的工作有了更为深入的了解，使我将来从事与之相关的职业时能够更加得心应手。同时，更让我看到他作为法律人的严谨和专业，一丝不苟，真诚敬业，以及坦荡宽容的人格魅力。总体来说，这次实习相当有意义，对我帮助很大，实践出真知，下面我就通过这次实习的经历，来谈谈我的收获。

1. 实习单位介绍

盈科是一家源自中国的全球化法律服务机构，致力于为客户提供"一站式"全球商务法律服务。盈科总部设于中国北京。

流水之为物也，不盈科不行；君子之志于道也，不成章不达。盈科将努力发挥国际化商务律师事务所的优势，整合全球资源，为客户提供优质、高效、满意的法律服务。

2. 实习主要过程

这次实习为期一个月。暑假开始后，我怀着兴奋又紧张的心情来到律所，开始了我的实习之旅。第一天，工作人员带我参观了律所的各部门，并详细介绍了律所的业务范围、工作流程、实习生管理制度等。邵律师拿出了在做的两个案子给我讲解,一个是工程水泥追款,一个是离婚后房产的争夺。然后安排我阅读并整理工程追款的卷宗。

整理卷宗,看似平常的事情却并不像我想象的那般简单,在做之前还是需要一些时间去熟悉和掌握。卷宗的分类很仔细,有民事,刑事,行政诉讼等。简单的案子,卷宗可能有几十页,而这个追讨工程款的卷子则较为复杂,多达几百页。通过翻阅,我了解到一个案件的卷宗通常包括授权委托书,起诉书,证据资料,代理词,答辩状,判决书等,这是对一个案件的完整记录和再现。而卷宗的整理也关系到其他程序的进行,比如装订顺序就和办案的流程紧密相关,也和一定的司法程序相对应,所以在整理的过程中需要格外的认真和细心。同时通过整理其他已经审结的案件中的很多典型案例,其中涉及事实的认定,证据的采信,责任的认定等,在整理卷宗过程中,我对各种该归档的文书的分类有了一定的了解,也对民事案件从立案到审结的程序及流程有了一定程度上的熟悉。虽然工作很烦琐,但也收获颇丰。同时我发现,在阅读的过程中,最关键的工作是要认识各项证据在整个案件中的作用,结合所学知识,分清哪些是直接证据,哪些是间接证据,原始证据,传来证据等。弄明白每项证据能证明什么事实,证据间的联系又是怎样的。然后换不同的角度,假如我是法官,我会怎么审理和判决,最后结合判决书弄懂法院判决的依据,不断提高自己的分析能力。

实习期间,邵律师也带我去西湖区法院旁听了一个案件的庭前调解。案件是一位台湾人在大陆购买了四套房产和三个车位,后因某种原因想要退掉,遭到开发商的拒绝,调解的核心问题是开发商同意退款,但就赔偿违约金的问题双方难以达成一致。经过调解,确定了双方都相对满意的违约金数额,邵律师代理的原告一方也同意撤诉。这次旁听给我最大的启示和感受是律师一定要具备良好的沟通能力,这是从事本行业所至关重要的。这既是一门深奥的学问,又是一门复杂的技术,既是一种最直接的交流方式,又是一种最有效的营销手段。律师的沟通对象较多的为法院法官和客户两方。通过自身的感受和与导师的交流,我总结了以下几点,首先与客户交流的过程中,要学会尊重客户,善用礼貌性语言,同时合理安排时间,应注意自己的谈话目的,学会耐心倾听,并对谈话内容表示兴趣。其次要学会换位思考,并切身体会对方的感受,律师不仅要以专业的法律服务取胜,还要站在客户的角度,想他们之所想,急他们之所急,让客户找到可以倾诉的对象,让客户找到可以托付的律师。最后要谦虚谨慎,学会察言观色,判断对方的气质和性格,营造良好的沟通氛围。在与法官的沟通时,要清晰明了地表明本方当事人的诉讼请求以及相关证据,同时运用有效的沟通技巧为当事人争取应有的正当利益。

3. 实习主要内容

这次实习在各方面都让我受益匪浅。通过实习,对法律专业知识和律师执业经验有了进一步的感受和了解,尤其是律师实务方面。以前在学校主要是通过课本进行理论学习,实际运用法律知识解决实际问题的机会就很少,而在律所就不一样了。能够跟随导师到法律工作的最前沿,学习律师是如何运用法律解决实际问题的,例如解答法律咨询,审查修改合同,起草诉讼状,答辩状,代理词,参加法庭审理等,从中学到很多律师执业工作的经验和技巧,以前稍稍学过法律文书的写作,知道起诉状的格式和写法,但真正运用到具体案例中,就需要好好斟酌一番,怎样把诉讼请求书写得精确精练,在不同的角度能够最大限度地维护当事人的正当利益,怎样把事实理由写得清晰有条理,使法官一目了然,这都不是简单套用格式就能得来的。同时律所在为人方面给我树立了严格的标准和原则,为以后我为人处事的理念打下坚实的基础。

最后,我想谈一谈我对律师这一职业的看法。律师一词往往和雄才善辩联系在一起,这是我进入律所实习前的看法,现在我对律师一词的看法逐步加深。律师这个职业要求从业者勤勉,讲求效率甚至经常出差和加班,它是一份需要脚踏实地慢慢来的职业,对即将踏出校园的我们和一些年轻的律师尤为重要,耐不住寂寞,急于求成,揠苗助长,都是不利于成长的,同时它是一份知识和阅历都非常重要的职业。

在实习的这一个月里,我也深深地感受到身边和我们同样年轻的律师助理们,他们的努力和奋进,勤劳和好学。这种积极的姿态也在影响着我。我想通过实习又让我多了榜样,坚定了目标。

◎ **自我风采**

　　我是浙财14级法学非诉讼法律实验班的张智丹，非常有幸能够成为班级里的一员。

　　我的性格比较安静，学习之余喜欢读书、弹古筝、弹钢琴、练书法等。在妈妈的督促下，我学习了多年古筝，参加了很多比赛，获得了一些奖项。我喜欢写字，我认为字是一个人内心的体现，所谓字如其人，练字能让一个人的心静下来，从而更好地做事。

　　我喜欢旅游，到一个陌生的地方认识不同的风景，感受不同的心情，为接下来的生活调整出更好的状态。我喜欢不同的乐器，我觉得音乐有治愈人心温暖人心的力量，它可以放松心情，陶冶情操。我喜欢尝试生活中各种新鲜的事物，这样我们的生活才能够更加丰富多彩。

　　我还有很多的不足，比如性格内向，不太积极主动地结交新的朋友，参加各种活动；比如拖延，总是不能积极主动地完成任务而是一拖再拖；比如懒惰，没有更加充分地利用时间去学习了解不同的知识。

没有无缘无故的平庸和匍匐,同样也没有无缘无故的剽悍和登顶,大学是我们人生中非常宝贵的一段时光,同时也是我们不断学习提升自我的好机会,以后的学习生活中,我会努力克服自身的缺点,使自己成为一个更好的人。

◎ 法路思语

当时选择法律,加入非诉实验班是为了使自己能够运用法律知识为他人排忧解难,并通过对法律的学习成为一个理性、严谨、稳重、自律、自信的人。通过近三年的学习,目标在一点点靠近。我也深刻地认识到一位优秀的法律人应当学识渊博,文笔好,善于学习,有雄辩的口才和灵活的头脑,敏锐的反应能力以及良好的沟通能力,更重要的是具备职业道德,追求公平正义。为此我将不断努力。

北京中银(杭州)律师事务所实习报告

2014 级非诉法律实验班 郑建巧

摘要:为期一个月的实习虽然时间很短,但是在指导老师的悉心教导下,基本了解了新三板的概念及操作流程、律师助理应做的职务工作等基本概念性问题,并且在实务锻炼中逐渐熟悉掌握中小企业在新三板市场中应如何规避上市风险等一系列问题的解决方案。在实践中学习将理论与实际结合起来,而且尝试着让双方都起着互相推进的作用,在此次实习中确实获益匪浅。

关键词:新三板;法律服务方案;律师助理

1. 实习单位简介

北京中银(杭州)律师事务所(中银)成立于 1993 年 1 月,是我国最早以金融证券法律服务和企业法律风险服务案例为主的大型综合性律师事务所,是中国十大律师事务所之一,在金融、证券和国际法律事务等业务领域具有丰富的从业经验,拥有一批国内一流的谙熟金融、证券、国际法律事务的资深律师,其在上市公司并购重组、国际金融贸易等领域具有丰富的从业经验,现已完成 IPO 上市的客户 100 多家,曾经或正在服务的上市公司超过 300 家,为国家开发银行、中国石化等上千家机构提供优质的法律服务。

中银律师秉持"客户至上、专业合作、勤勉尽责、优质高效"的服务理念,坚持以客户的需求为核心,充分发挥中银全球化法律服务体系优势,整合各地办公室全体律师、各部门资源,在为客户提供优质高效的法律服务的同时,还为客户提供商业信息,促进客户间的商业合作,为其提供综合性服务。与包括中国人民银行、中国证监会、中国保监会、国资委、发改委、财政部、商务部、工信部等在内的各个政府部门保持着良好的工作关系,与各级司法部门、仲裁机构有着良好的业务关系和交流渠道

中银现有律师和工作人员约 1800 人,大部分律师获得国内及国外著名学府的硕士和博士学位,且多数律师具有在政府、企业、知名律师事务所工作或执

业的经历,在法律和商业领域具备了丰富的实务经验。中银律师实行专业律师的分工配合,做到将非诉讼法律服务与诉讼法律服务密切结合,帮助客户更加有效、经济地实现其商业目标。中银依托本所丰富的社会、高校、银行与政府资源以及强大的法学界专家顾问团队,凭借丰富的企业并购、涉外业务、公司治理、投融资等方面的实务操作经验,为客户提供全面化、综合性的法律服务,满足专业化、特殊性的法律需求,管控复杂化、层次性的法律风险,较好地实现了客户的商业目标,有力地推动了客户的发展壮大。现有客户包括许多在中国上市企业和境外成功上市的公司,在中国律师界和金融证券界牢固树立了"中银律师"的品牌。

2010 年 1 月 23 日,中银在 2010 年度品牌颁奖盛典暨大型系列论坛活动中,荣获"中国金融证券领域最佳律师事务所"。2012 年,中银荣获"钱伯斯中国法律卓越奖"。2012 年,在《亚洲法律杂志》评选的 2010 年中国成长最快的律师事务所中,中银被评为"中国发展最迅速的十家律师事务所之一",这是中银连续四年摘得该项荣誉。中银入选《法律互联》评选的 2009 年中国律师事务所 300 强,位列第 7 名;中银连续 3 年入选《亚洲法律事务》(ALB)杂志评选的中国律师事务所规模二十强,均名列前十。2013 年,中银再次荣获钱伯斯"资产证券化与金融衍生产品"领域"年度最佳律师所"、"国际贸易和 WTO"领域国内"领先律师事务所"称号,同时被《钱伯斯亚洲 2013》(The Chambers Asia 2013)评为"国内领先律师事务所",入选《亚洲法律事务》(ALB)杂志评选的"2013 年亚洲律师事务所规模 50 强""2013 年中国律所规模 20 强",均位列第三名。2014 年,中银荣获《商法》杂志评选的"资产证券化及结构化融资大奖",连续两年获得《亚洲法律事务》(ALB)杂志评选的"2014 年中国最大 25 家律所"第 3 名,"2014 年中国发展最迅速的十家律师事务所之一"。2015 年 ,中银荣获 LEGAL500 评选的"2015 年度亚太地区国际贸易和 WTO 领域的领先律师事务所"。

中银总部设在北京,在上海、深圳、杭州、厦门、成都、贵阳、南宁、法兰克福等十几个城市设立了分支机构及办事处。本所总部设有十大法律业务中心,即:金融证券法律服务中心、法律风险管理法律服务中心、公司业务法律服务中心、房地产与建筑工程法律服务中心、知识产权法律服务中心、国际业务法律服务中心、贸易救济与 WTO 法律服务中心、争议解决法律服务中心、刑事法律服务中心和不良资产法律服务中心。根据业务管理的需要,各业务中心下设若干不同的业务部门。

2. 实习的主要过程

大一的暑期伊始,得益于学院方面的积极工作,暑期实习活动确定下来,并且学院方面也组织了一次旨在让我们和实务导师碰面熟悉的暑期实习活动的——实习导师受聘——"开营"仪式。于仪式上,我颇有幸同实习导师林华璐老师交谈并互换了各自的信息,而之后的实习生活亦主要围绕在林老师专攻的新三板及其他公司业务、民商法方面等领域。

进入律所实习的时候恰逢林老师手头同时运转多个项目之时,因我毕竟仅仅只是一名大一刚结束的学生,无论是法律专业知识还是法律思维的运用皆不大"上得台面",所以前阶段主要是进行自主研习新三板等相关热点,尽可能地扩充自己的知识面,而林老师则主要评判我自主学习之后上交的法理分析报告的质量、检查结果;后阶段视前阶段的成果而定,若结果还算喜人则可照计划行事参与进项目中,见习并着手针对IPO项目的法律服务方案、与主券商等各方进行的会议纪要的撰写等实际操作。

实习的具体过程可粗分为两个阶段,进而可以细化分为以下几个着力点:

(1)了解公司法、合同法等一系列相关法律法规;

(2)进入全国中小企业股权交易系统研习案例并随从师兄整理卷宗;

(3)完成实习导师布置的任务(例如:法理分析报告、服务方案等);

(4)总结经验,着手实习报告并填写实习手册。

3. 实习的主要内容

其实在和实务导师林老师第一次正式会面之前,我已经和她取得联系,并应她的要求在学院安排的实务导师受聘仪式上将自己的简介、相关文章及当年的成绩单交予她评价,方便林老师进一步详细安排我在事务所的实务偏重,并粗略约定了实习开始的时间。在见习的第一天,林老师同我先进行了一番较为深入的谈话,相互交流了当初选择法学的初衷、未来的职业规划以及近期暑期安排和实习大概的计划,得知我坚定不移想当律师的夙愿之后就在职业规划方面提供了她自身的学习和职业经验供以参考。另外,由于实习时间的有限,导师同我具体敲定之后的实习计划:前期主要是理论研究方面,后期着力于实务操作。

见习的第一周,林老师提供了一份某装饰材料公司关于在全国中小企业股份交易系统上市的尽职调查材料,并提供了一个专题方向——企业不动产所有权——让我去研究思考,并上交一份此主题的法理分析报告。尽管非常仔细地阅读老师给的那份材料并且对照相关的法条,然而最后的法理分析报告并不理想,虽然林老师并没有做出所谓的"差评",但最起码的自知之明还是有的。

继挫败的第一周之后的第二周和第三周,我在林老师的建议下多去了解新三板的相关知识和《公司法》《合同法》等一系列民法、商法的法律法规。在完成林老师交代下来的任务的同时,积极向师兄讨教理论研究和实务操作技巧(因为光有法条是无用,但没有法条是万万不行的),尤其去了解新三板理论与实务操作的焦点问题解决,并且在师兄的指导下进行案卷的整理装订,慢慢了解林老师手头主要项目,知晓新三板上市流程、上市要求等课堂上无法接触的实务知识,也逐渐地摸索到律师助理的工作职责。

须知努力终究是有回报的,与林老师又一番深入交流之后,她交代给我一份需三天内完成针对有 IPO 计划的 A 大型制造业企业的法律服务方案,并且提及了制作方案的目的在于检验我是否准确了解到客户的需求并比较尽善尽美地表现在撰写的服务方案中,而律所在和公司洽谈项目合作时所出具的服务方案中保密义务的重要性是不言而喻。在查询多方资料并对比多家律所针对上市公司服务提供的保密协议后制做出的基于本律所优势的法律服务方案仍然让自己心虚,只是林老师确实评价甚高,直言质量比之前一开始的法理分析报告要高得多,已经基本有了一般服务方案的框架,即致辞、自身律所简介、针对企业需求选择本所相关领域的主要业绩并列举经手或主导的经典案例、基于企业实际情况做出的具体法律服务方案、本所相较于其他律所的竞争优势等,尽管我做出的服务方案仍有较大瑕疵——不具有明显的针对性(无论一股脑全部拎出来的所谓典型案例还是后续的具体法律服务的内容)、无须在首次方案中提及费用问题等。服务方案指导之后,虽然得到很大的肯定,但林老师并没有给我缓冲的时间,直接安排了下一步自行学习会议纪要,简要和我阐明会议纪要和会议记录的差别之后便让我跟着师兄进行进一步的学习。与此同时,师兄也插空给我传授了当初他学习的技巧和经验,尤其强调了小组讨论学习的优点,并且很愉快地分享了实务方面的先行经验。

而余下的第四周,尽管我的实习生活已经步入尾声,可是在律所的工作仍是忙碌非常。因为林老师手头项目不停、经常出差,师兄便担负起对我的指导工作。也许是师出同门,师兄在这一周仍旧是理论、实务两手抓,毕竟我的理论知识实在薄弱,而实务操作方面悟性又是得到林老师肯定的。师兄让我这一周除了基本帮忙的工作以外,主要集中精力钻研新三板的一些名词辨析和林老师书柜中一些论文集合,把理论尽量拔高。其中印象较深的是"整体变更"和"整体改制"这两个名词的辨析,具体可见表1:

表 1 整体变更与整体改制

	整体变更	整体改制
之前的企业形式	有限责任公司	可以是有限责任公司，也可以是国有企业、集体企业、事业单位
债权债务	由变更后的股份有限公司自然继承	债务转移需要债权人的同意
资 产	将原有限责任公司的所有资产纳入股份有限公司的范围	可能剥离非经营性资产，只将经营性资产纳入
业 绩	可以连续计算业绩	不能连续计算原有业绩
资产折股	以审计后的净资产折股，不以评估值验资后折股	一般以评估值验资、折股

而新三板上市的有限责任公司一般都采取整体变更的形式，因上市公司对业绩有要求，而整体变更的途径可以大大节省了企业有限责任公司的上市时间。

4. 实习的主要收获和体会

在这次短短四周的实习中，我最大的收获应该就是对金融证券、公司业务尤其是新三板操作及周边的相关方面的了解，并对一些业务能够进行基本操作。在汲取到实务知识、提升理论知识的同时，作为一名才大一的学生来说，与实习导师林老师和律所的师兄师姐有过几次相当彻底的谈话，以及他们给予我的无论学习上还是未来择业选择上的忠告和经验之谈都是在普通的校园生活所无法教导传授的。而这个暑假经历的这些林林总总，不论是被肯定的还是被否定的部分，都是对未来三年大学的生活的一种难言且精要的方向标。

首先，非常重要的一点就是我无比清楚地认识到理论与实际之间的鸿沟以及自身体系知识的严重不足。在校时候，看到最后考试成绩还可以就觉得自己已经掌握这一科的法律知识了，经常盲目自满。而在暑期实习中，却发现自己法律体系的紊乱，而且只是被动地接受基础知识但没有深入地研究学习过，因此在充满个性的案例项目面前显得手足无措。

其次，做事一定要有效率。一个值得被信赖的非诉律师团队需要是高效的。传统的诉讼业务可以走司法程序稳定而缓慢的路，但是非诉业务需要跟上委托人的快节奏，在保证效率的前提下，与当事人的思维同步。新三板上市的过程中，前期准备可能会很琐碎，有时候可能只是揪着尽职调查的材料仔细钻研，然而又不能因为这样的琐事拖延整个项目的进度，毕竟一个专业的律师团队是需要有效率的和有质量的。在这一点,我既学习到了耐心的重要性又深深体会到了速度的必要性。

再次,有责任心。新三板上市过程中的主体虽然是中小型企业,但涉及项目的资金不一定会是一笔小数目。并且,对于任何一个企业来讲,整体变更再上市都不是一件小事。律师业务都是受别人委托而来,"委托"的英文是"entrust",其词根是"trust",根基在信任,而信任是广泛的,客户委托律师,其实不仅相信了律师的业务能力,还相信了他的责任心。

最后,团队意识的重要性。一个非诉项目做下来,时间跨度大并且涉及的领域有时可能会很广,而且每一个非诉项目都有自己独特的特点,一个律师往往是很难尽善尽美地办理的。一个新成立的专项组会经常就一些复杂的实务问题进行法律上的探讨,从而选择合理的路径加以解决。而这种团队意识不光是在一个律所中,也体现在整个项目进程中和其他中介方的合作,比如上市过程中会计师事务所的资产评估。

总而言之,在这暑假的实习中,我学习到了许多在学院中难以学到的经验与知识,并且认识到了自己仍有许多不足之处,也看到了自己将来可以发展的方向。虽然时间很短暂,根本不够我参与完一个完整的项目,甚至前期也还没完成,但是这也是一笔巨大的财富,无论是对未来的履历还是将来的求学方向而言。

◎ **自我风采**

我是 14 级非诉法律实验班的团支书郑建巧,也是社团学生法律诊所的会长。

平时除却专业课程学习之外,积极参与学生活动和校内外专业实践活动。带领社团,举办控辩大赛、社区(敬老院)普法活动等各类法律类实践型活动,使之连续蝉联"法学院优秀社团"称号,且多次入围校十佳社团的评比活动。

同时对互联网、金融、语言类学习有一定的敏感性和关注度,有一定的规划、需求分析、写作能力。已通过 CET4/6、计算二级,有良好的办公能力。现备考证券及 JLPT 考试。

部分荣誉如下:

浙江省首届大学生法律职业能力竞赛法律演讲类比赛三等奖;

浙江财经大学法学院新生演讲比赛二等奖;

浙江财经大学 2015 年法学院英语演讲比赛三等奖;

浙江财经大学 2014 级学生军训"先进个人"称号;

浙江财经大学 2014—2015 学年"三好学生"称号;

浙江财经大学 2014—2015 学年优秀学生一等奖学金;

浙江财经大学 2015—2016 学年优秀学生三等奖学金;

并有部分课题项目。

◎ 法路思语

法律于我而言,是工具,却也胜过工具。不出意外,它会成为我谋生的手段,但探索它的过程中,它所蕴含的不仅是公平权衡抑或是正义,更是一种思维、一种充满浪漫的前方。

2015 暑期实习感悟

2014 级非诉法律实验班　朱　彤

摘　要:大一的暑假,在汉鼎律师事务所进行了为期一个月的实习。通过实习,我对法学所具有的实践性、灵活性和固定性有了深刻认识。同时,切实感受到,人际关系和自身信誉对律师的发展至关重要,而平和的心态、高超的语言驾驭能力和良好的品格都是律师应当具备的素养。此外,通过实习,对法律的观念也发生了根本性变化。

关键词:实习;法学;律师;素养;耐心

从 2015 年 7 月 13 日至 2011 年 8 月 9 日,我在汉鼎律师事务所实习了一个月的时间。才刚上完大一的我法律知识的储备还远远不够,因此这次"实习"只能算得上是一般意义上的学习或社会实践,只是为了将我在学校的所学知识与实践相结合。在此期间,我对整个律师事务所的工作流程有了一定的认识,在对一些案件的接触和完成导师给我布置的任务中开阔了我的视野,使我受益匪浅。

在这次实习中我感受最深的是对法学实践性、灵活性和固定性的思考。法学是一门实践的学科,这是我们在刚接触这门学问时老师就会特别强调的。在短暂的实习过程中,我深深体会到了法学这门学科所具有的很强的实践性,也许你已经掌握了很多的理论知识,但如何把知识转化为力量,运用到实践中去解决实际问题才是关键所在。进一步说,法学教育的发展需要一种实践环境,需要实践的指导。大学教育阶段理论知识的学习还远远不够,但学好自己的专业知识却绝对是一个前提。法律的那些知识在书本上你会有一种理解有时可能感觉自己已经非常懂了,但是一旦运用时就会发现自己理解得太死板了。对于一些案子,我根据自己学到的知识提出了自己的一些认识和想法,但在之后案子的跟进中发现自己的想法太简单、太单一了,开始时感觉非常沮丧,但后来明白这是因为自己的知识学得太死、太少了,学习理论知识的时间段内一旦深入到实践中去,就会很快地意识到自己知识的不足与匮乏,在这种情况之下,我的导师指导我有针对性地弥补自身的缺陷,查阅相关知识,并单独整理出来,以求完善自己的知识体系。在实习结束时,我已经整理出关于钢材加价款、房产规章制度、伤残赔偿、土地租赁、网络债权司法拍卖、保全、公司制度的制定的相关知识。在实习中,我明白了自己的不足,法学的实践性让我不再沾沾自喜,而是更认真地去学习法律理论知识,并努力进行实践,加深理解。

法学的实践性也正说明了它的灵活性,学习了它的理论知识后是要在实践中灵活运用的,如果不运用,不懂得灵活使用,法律就发挥不出它强大的力量。在律所实习的这一个月我写了很多的法律文书,有很多法律文书是有一个固定格式的,这正是法学固定性的体现,但是在不同情况下是不同的。比如同样是强制执行申请书,但是不同的案子中写的是不一样的,语气态度也是不同的,这也是需要在其中体现的。另外,关于身份证明,法人身份证明和个体户的身份证明就是不一样的。在公司制度的制定中更能体现出灵活性这一点,要根据这个公司的独特状况来制定,实习中导师曾让我尝试着根据客户的要求拟一份公司制度,这个公司比较特殊的一点是这个公司的车辆的所有权其实是属于三个合伙人的,在制定公司的车辆管理制度时就要特别区分出来。

说起法学的固定性,其中的一点上面一段已经提及。在实习时刚开始时,我就开始整理案卷,书写法律文书,这些都是需要固定格式的,要遵循法定或通行格式。公安部、最高人民法院、最高人民检察院都颁布过关于法律文书格式的规范,律师在书写时一定要参照,特别是向各级人民法院、人民检察院呈送的诉讼文书和正式的合同协议、遗嘱等一定注意遵循法定或通行的格式。律师切忌闭门造车,自创一套,否则不仅会带来程序上的麻烦,甚至导致你写的东西无效,成为废纸一堆。它的固定性使它在使用时更方便、准确、有条理,看起来也更赏心悦目。当然,固定性要和灵活性紧密结合起来才能发挥更好的作用。

在处理具体案件的过程中,我认识到律师在这其中的强大作用。在中国这种注重人情的社会氛围下,一个人处理事情、协调关系的能力被得到重视,这里面就有一种人际关系和自身信誉在发挥效力的问题。对于一个律师而言,这两项条件尤为重要,一个律师的资历在处理案子的时候就是一种无形的资产。在我实习的律所中,在我看来,资历老的律师有绝对的优势,他们人脉广、阅历广,在面对案子时心态也较为平和。但是这种强大的能力是怎么拥有的呢?我想,气质、心态、谈吐的培养和自身的专业素质、道德素质是必不可少的。看看那些成功的律师,包括我的导师,看他们第一眼就能感觉出他们是值得信赖的人。律师并不应该是电视剧里那种咄咄逼人的形象,一个好律师除了应具有坚毅果敢的性格外,温和的脾气是必不可少的,这会体现在一个人的气质中。律师是一个服务行业,目的就是替客户解决法律困难,前提是客户得选择你,服务行业就要求人温和有耐心。一个温和、耐心听客户讲述情况并提出建议的律师和一个态度不好、脾气急躁的律师比起来，客户肯定愿意选择对自己有善意、对自己客气的人。

有平和的心态也是一个律师应该具备的。案情是在不断变化的，只有具有平和、冷静的心态才能理智地思考解决办法。一味慌乱只会浪费时间，并且扰乱你思考的能力。在律所时听一个律师讲，他的一个客户在案件开庭的前一天晚上才将案件转交给他，那些诉讼状等一些开庭用的诉讼材料还都没有写。当时他就想，急也没有用，于是他冷静下来，把需要做的事分配给助手，就在宾馆里，他们5个人一直写到天亮，写完后又仔细地检查了一遍，最后开车赶去法院，时间刚刚好。

从我去律所实习的第一天起，我的导师就推荐给我三本书，其中两本都是关于谈判的，谈判中很重要的一点就是语言能力。大家都知道，好口才对于律师来说有多么重要。律师有什么想法要表达出来，都要靠着自己的口才。说的要让别人明白，并让别人相信你。尤其是在庭辩阶段，既要善辩，又得有理有据，沉稳冷静地辩。这就要求我们大学生从现在开始就要多注重培养自己的思辨能力。学会表达自己的同时，用自己的专业术语阐述自己的观点。

有原则地做人，有准则地做事。这是导师在和我的谈话中多次说到的一句话，我发现在他评价别人时，第一句话总是会说这个人品质很好。别人看待律师这个职业，会感觉律师都是很有心机，不实在的人，其实不然。也许靠要小聪明可以有一时的成功，但不可能长久，因为在人与人长久的接触中会慢慢看透你这个人，这个人的品质如何，慢慢都会了解。良好的品质会帮我们赢得长久的朋友和客户。因此在做事上要有原则，狡诈的性格不会帮助你反而会害了你。

在律所的这一个月，我干的最多的活是写法律文书、整理卷宗和给法官、书记员、对方律师打电话。整理卷宗了解律师整个办案流程和司法程序。整理卷宗几乎是每个法学专业的实习生都要做的事。整理卷宗，看似简单的工作其实在你没做之前还是需要时间去熟悉和掌握的，比如装订次序排列就和办案流程紧密相关，也和相应的司法程序相对应。通过整理卷宗你就可以了解熟悉律师的办案流程及相应的司法程序，这很重要。我并没有因为工作的繁杂而轻易放弃，相反我很有兴趣并在其中学习到很多东西。而法律文书比如强制执行申请书、民事起诉书等等我写了有几十份，这些工作都是考验人耐心、细心的工作，我很开心自己在实习中对这些基础工作没有不耐烦，我都是在很认真地完成这些工作。通过撰写法律文书运用法律知识并弥补知识上的不足，积累实践经验。我们在学校还没有学习法律文书，实习期间师兄不断指导，让我们初步学习最常见法律文书的写作和基本注意事项以及相关技巧。一份高质量的法律文书需要丰富的知识和经验，以及对相关法律知识的运用、配合才能写成功。我明显感到自己知识的匮乏和经验的缺失。让我明白应该更加努力学习和积累，发现不足，然后在下次的书写中改正过来，慢慢取得进步，耐心会让自己的工作一次比一次更完美。师兄曾经讲了一个我的导师在刚入行时的故事，当时我的导师接了一个外地的案子，但是对方的资料不清楚，多方查找后还是不够详细准确，然后导师就坐车去了那个地方，在当地的资料室待了三天三夜，最后终于查到了自己想要的资料，当然，他最后赢得了那场官司。就是耐心，让他有了强大的力量。而这也是我缺乏的，我是一个急性子，但是对于我喜欢的这份职业，我一定要让自己耐下心来。

或许这次实习最大的收获是我本人观念的转变。在大一这一年的学习中发现法学并不是我想象中的有趣，对它有些丧失兴趣。但是从律师们的身上，我感受到了他们对法律工作的热爱，而他们的行动也证明了这一点。将对正义的追求和自我价值的实现结合在一起，这本身就是一件无上光荣的事情。我想，我今后的路还很长，当下所能够做的就只有用大量的理论知识武装自己，培养法律思维和其他基本社会人文素养。

我想向为我的实习提供帮助的导师和学长们表示感谢，感谢他们为我的第一次实习所做的帮助和努力。实习结束了，回到学校，我明白我要好好规划一下自己在大学期间的学习和生活。珍惜在大学接下来的时光，努力学好自己的专业知识，同时有意识地锻炼自己的为人处事能力，让自己的大学生活圆满，充实。

◎ **自我风采**

我是浙江财经大学 14 级法学非诉实验班的朱彤,学习我喜爱的法律专业已经 3 年了,无比庆幸在大学选专业时选到了法律,每天都能学习喜欢的专业课,生活过得非常充实愉快。

自身的优点:善于沟通,做事有计划,遇事较冷静,不易怒不冲动,抗压能力强。在这几年里最大的进步是学会独立思考问题而不盲目跟风受舆论影响。

自身的缺点:有时候做事不够果断,会带来不必要的麻烦;不会拒绝别人而给自己增加额外的负担;性格较懒散,参加活动不够积极。

获得的部分荣誉:

山东省聊城市莘县书画比赛初中组第三名、第五名

浙江财经大学法学院 2014 级十佳主持人大赛第三名

◎ **法路思语**

学习了快三年的法学,我感觉它依然神秘而有趣,等着我去学习感受它更多的魅力,它教给我怎样去冷静独立思考,怎样去更好地处理事情,我想我会一直和我喜爱的法律相知相伴,去创造属于我自己的人生!

后 记

　　还记得三年前我们第一次见面时，你们那充满憧憬而又略带青涩的青春面孔。而现在，从你们身上看到的更多的是紧张和忙碌。但从你们坚定的眼神中，我看得出，你们不再迷惑，有了自己的人生梦想和目标，所以更加多了一份淡定和从容。

　　今天对于你们，当然不是收获的季节。这本文集当然也就不能是你们值得炫耀的资本，这只是你们在法学之路上成长的又一次探索，是又一次出发前的整理和宣言。

　　古今之成大事业、大学问者，必经过三种之境界。"昨夜西风凋碧树，独上高楼，望尽天涯路。"此第一境也。"衣带渐宽终不悔，为伊消得人憔悴。"此第二境也。"众里寻他千百度，蓦然回首，那人却在灯火阑珊处。"此第三境也。但愿同学们在法律之路上，通过自己不断地努力奋斗，能够寻到自己的人生真谛！

　　对于作为浙江财经大学首届非诉实验班班主任的我，依然在践行我们第一次见面时许下的诺言。那时我说了两个字："桥""友"。对于"桥"，我愿作为你们走向成功彼岸之"桥"，也愿作为你们学习法律之"桥"，还愿作为所有关爱大家人士的爱心之"桥"。对于"友"，我希望自己能够做到"友直，友谅，友多闻，益矣"。也希望我们一直能够作为益友！

　　最后，让我们一起感谢浙江浙联律师事务所对我们的大力支持，尤其是麻侃主任（浙江财经大学浙联律师学院院长）的倾心奉献值得我们大家永远记在心中！感谢浙江浙联律师事务所戴和平主任、浙江财经大学法学院院长李占荣教授、浙江财经大学教务处处长李政辉教授、浙江财经大学金融学院党委书记蔡国金老师、浙江财经大学法学院党委书记朱丹老师、浙江财经大学法学院副院长李伟教授，感谢所有为我们首届非诉实验班无私奉献的老师、律师和国际友人！

2014级非诉实验班班主任　王　俊

2016 年 12 月